화성남자 금성여자의
아직도 혼자인 사람에게

MARS AND VENUS IN LOVE by John Gray, Ph. D.

Copyright ⓒ 1996 by Mars Productions, Inc.
First published by HarperCollins Publishing Co.
All rights reserved.
Korean translation copyright ⓒ 2001 by Dulnyouk Media Publishing Co.
Korean edition is published by arrangement with
Linda Michaels Limited, International Literary Agency
through Eric Yang Agency.

이 책의 한국어판 저작권은 에릭양 에이전시를 통한
Linda Michaels Ltd., International Literary Agecy사와의 독점계약으로
한국어판권을 도서출판 들녘미디어가 소유합니다.
저작권법에 의하여 한국내에서 보호를 받는 저작물이므로
무단전재와 무단복제를 금합니다.

화성남자 금성여자의
아직도 혼자인 사람에게 ⓒ 들녘미디어 2001

초판 1쇄 발행일 | 2001년 10월 12일
중판 2쇄 발행일 | 2003년 1월 20일

지은이 | 존 그레이
옮긴이 | 박혜란
펴낸이 | 이정원

펴낸곳 | 도서출판 들녘미디어
등록일자 | 1995년 5월 17일
등록번호 | 10-1162
주소 | 서울 마포구 합정동 366-2 삼주빌딩 3층
전화 | 마케팅 02-323-7849 편집 02-323-7366
팩시밀리 | 02-338-9640
홈페이지 | http://www.ddd21.co.kr

값은 뒤표지에 있습니다. 잘못된 책은 구입하신 곳에서 바꿔드립니다.
ISBN 89-86632-87-X (03840)

화성남자 금성여자의
아직도 혼자인 사람에게

존 그레이

박혜란 옮김

mars and venus in love

들녘미디어

Acknowledgments
*감사의 글

    이 책이 완성되기까지 옆에서 격려하며 함께 해준 아내 보니 그레이에게 고마운 마음을 전한다. 아내의 인내와 후원은 언제나 나의 든든한 힘이다. 우리 부부 사이를 돈독하게 이끌어주는 아내의 헌신적인 노력은 글을 쓰고 강의하는 데 빼놓을 수 없는 요소다.
    변함없는 사랑과 지지를 보내준 세 딸 섀넌과 줄리, 로렌에게도 고마움을 전한다. 내가 하는 일을 가족들이 후원해준다고 생각하니 무척 흐뭇하다. 특별히 첫 장 쓰는 일을 도와주면서 컴퓨터에 격려의 메모를 남긴 로렌, 그게 얼마나 힘이 되었는지, 잊지 않고 고마운 마음을 전하고 싶었다.
    이 책을 만들 것을 제안한 패티 브라이트먼 씨의 끊임없는 우정과 지원에도 고마움을 전한다. 그리고 내 책들이 전 세계 37개국 언어로 출판될 수 있도록 힘써준 국제관계 에이전트 린다 미셸 씨도 고맙다.
    더욱 다양한 정보를 수집하기 위해 편지를 보내온 수많은 사람들과 개별면담을 해준 수잔 립셋에게도 감사한다. 그녀의 도움으로 이 책이 월등히 좋아졌으며, 내 일도 훨씬 수월해졌다. 또한 전문가로서의 의견과 편집에 대한 조언을 아끼지 않은 다이안 레버런드, 꾸준히 작업 방향에 관심을 가져주며 천재적인 마케팅 실력으로 일반인들도 내 책을 구해볼 수 있게 해준 잭 맥퀸에게도 감사한다. 그리고 내 요구에 늘 응해준 하퍼콜린스사 직원들께도 감사드린다. 그 이상의 출판사는 아마 없을 것이다.

그동안 존 그레이 세미나가 전국적으로 대성황을 이루도록 계획하고 준비해준 마이클 나자리언, 나의 업무와 일정을 헌신적으로 챙겨준 조교 수지 해리스, 존 그레이 세미나의 전 세계적인 확대를 기획한 레지 헨카트, 그리고 여러 도시에서 세미나를 하도록 나를 초대해준 각 지역의 여러 단체와 기획사들에게도 감사드린다. 또 다른 신작을 시작하게 해준 바트 버런, 메릴 버런 씨 부부에게도 감사드린다. 또한 우리의 안내광고를 성공적으로 만들어준 제네시스 미디어와 포지티브 리스펀스 텔레비전의 라미 엘 바트라위 씨에게도 감사드린다.

끝으로 나와 함께 시간을 보내며 남성들은 화성에서 왔고 여성들은 금성에서 왔다는 생각이 자신들의 삶에 긍정적인 충격을 가져오기까지의 이야기와 느낌을 들려준 수많은 분들과 부부들께 감사드린다. 그분들의 이야기와 적극적인 참여가 없었다면 『화성남자 금성여자의 아직도 혼자인 사람에게』는 완성되지 못했을 것이다.

화성남자 금성여자의 아직도 혼자인 사람에게

C O N T E N T S

* 감사의 글

* 여는 글

사랑에 빠진 화성남자와 금성여자 _ 15

화성에서 온 남자, 금성에서 온 여자 _ 25

남자와 동굴 _ 53

다른 언어로 말하기 _ 83

화성남자들이 온다 _ 121

화성남자와 금성여자가 나누는 인사 _ 161

화성남자와 금성여자, 둘이서 영원히 _ 213

* 작가 후기

Introduction
*여는 글

　『화성에서 온 남자, 금성에서 온 여자』를 쓴 이후 나는 여러 연인과 부부들로부터 다양한 성공담을 정기적으로 들을 수 있는 기회가 생겼다. 거의 매일 누군가가 나를 알아보고 미소를 지으며 다가와서는 '그 책'을 써주어 고맙다는 인사를 하곤 한다. 몇 년 동안 나는 그 인사에 코끝이 찡하곤 했다. 세미나를 통해 수많은 사람들이 변화를 경험하고 수천 쌍이 그들의 결혼을 구원하는 데 도움을 받았다는 것을 알고 있었지만, 단순히 책 한 권을 읽는 정도로 똑같은 효과가 있으리라고는 기대하지 못한 일이었다.
　세미나에서 수천 명의 청중들이 내가 하는 말에 귀기울이는 가운데, 한 가지 생각 또는 사소한 이야기 하나가 사람들 속으로 항해해 들어가면, 백열전구처럼 환하게 발하는 얼굴들이 이곳저곳에서 눈의 띈다. 뒤이어 장내에는 깨달음의 물결과 엄청난 안도감이 감돌고, 가끔은 다음과 같은 반응을 반영하는 웃음이 한바탕 터져나오곤 한다.

- 내가 어떤 느낌을 받았는지 저 사람은 알고 있구나. 다른 사람들도 분명히 그런 느낌을 받았을 거야. 그런데 그동안 난 이 세상에서 오직 나만이 참사랑을 얻을 수 없다고 생각했어.
- 저 사람이 하는 말대로라면 저 부부의 일은 아주 정상적인 거야. 전혀 미친 짓이 아니라고. 그러면 지금까지 우리가 지내온 결혼생활도 실제로 정상이라는 말일까?
- 휴우! 나 혼자가 아니었어. 다른 사람들도 그렇게 느끼고 있었던 거야.
- 아하, 그래서 그런 일이 생겼구나. 이제야 알겠어. 이젠 해낼 수 있을 것 같아. 그렇게 절망적이지는 않아.

이러한 '백열전구'의 경험은 결코 사소한 게 아니다. 이것은 순식간에 일어나지만 일시적인 것은 아니다. 사람들의 관계 문제는 아마도 우리가 경험하는 가장 고립적인 사건일 것이다. 이에 대해서 무엇이라고 정의를 내리기란 쉽지 않다. 특히 배우자들로부터 공감과 이해를 불러일으키는 방식으로는 말이다. 일이 제대로 풀리지 않고, 말로 어떻게 표현해야 할지 모르겠고, 무슨 일이 벌어지고 있는지 이해하지 못할 때 당연히 우리는 회의가 들기 시작한다.

하나의 백열전구가 켜지는 데 걸리는 시간 동안 객석 여기저기에서 사람들은 눈에 띄게 변화한다.

- 우리도 저런 일을 겪었지! 우리에게 잘못된 것은 전혀 없어!
- 저건 꼭 내 얘기로군. 나만 그런 게 아니야.
- 나는 항상 사랑이면 충분하다고 생각했어. 하지만 지금 생각해보니 사랑을 이루기 위해서는 알아두어야 할 것들이 있는 것 같아.

세미나 때 나는 혼자이든 부부이든 사람들을 불러세워 자신의 삶 가운데 있었던 실제 이야기를 들려달라고 부탁한다. 남녀간의 차이를 이해하는 데는 나의 식견도 물론 유익하겠지만 이러한 생각들을 가장 잘, 가장 빨리, 그리고 극적이고 동시에 잊을 수 없게 집약해주는 것이 바로 사람들의 살아 있는 이야기다.

관계를 향상시키는 데 나의 식견들을 어떻게 이용했는지에 대한 사례들을 참석자들이 공유하기 시작하면서 모든 것들이 갑자기 다가온다. 그 자리에서 함께 나눈 한 사람의 이야기로 인해 모든 사람들의 얼굴에 기쁨과 영감, 그리고 안도의 빛이 어리게 된다.

『화성남자 금성여자의 아직도 혼자인 사람에게』는 관계에 대한 실제 사례들을 묶은 책으로, 살아 있는 삶의 이야기를 모아놓은 것이다. 이 모든 사람들 속에서 자신을 인식하지 못할지도 모르지만, 오랫동안 피해왔을지도 모를 자신의 사랑 이야기에 관해 무엇인가를 보여줌으로써 자신의 진실을 집약시켜줄 것들이 분명 몇 가지는 있을 것이다.

이 이야기들은 세미나에서 함께 했던 사람들과 부부들뿐만 아니라, 사무실로 온 편지들에서도 직접 가져왔다. 해마다 나는 수천 통의 편지를 받는데 대개 생각나는 대로 쓴 것들로, 사랑 이야기가 주요 내용이다. 이 편지를 쓴 사람들은 남편이나 부인, 연인이거나 사랑을 좇는 사람들이었고, 이들의 관계는 파경의 위기에 처해 있는 듯했으나 내 책에서 발견한 것들을 통해 회복되었다.

배우자를 깊이 사랑하는 어떤 사람들은 내 책이나 테이프, 세미나를 통해 상상력과 기대를 초월하여 자신의 사랑하는 관계를 풍성하게 해줄 방법들을 발견했다. 어떤 사람들은 사랑을 갈망해왔으나 얻지 못하여 독신으로 생활하다가 남자와 여자의 차이를 알아내고 이해하는 법을 배우고 나서 사랑을 얻을 수 있었다.

가끔은 편지 끝부분에 '내 이야기가 다른 이들에게 도움이 되겠다고 생각되면 선생님 마음대로 써주시기 바랍니다'라고 쓰는 이들도 있었다. 어느 날 그 구절을 읽다가 나는 아주 좋은 아이디어라고 생각했다. 실제 이야기와 사례들이 세미나에서 얼굴을 마주하는 가운데 적극적이면서도 영원한 변화를 가져올 수 있다면, 이들을 묶어 책에 신지 않을 이유가 없지 않은가?

『화성남자 금성여자의 아직도 혼자인 사람에게』는 책과 테이프, 세미나에서 펼쳤던 기본생활들을 포괄하고 있지만 내면으로부터 얻은 실제, 즉 다른 사람들이 삶 속에서 체험한 이야기에서 자신을 보고, 이들이 설명하는 상황 속에서 자신의 패턴을 깨달을 수 있는 기회를 제공한다. 이 책은 심리학적인 측면에서 다른 사람과 자신을 동일시할 수 있는 안전하고도 사적인 기회를 제공하며, 일상생활의 측면에서 독자에게 수백 가지가 넘는 다양한 방식으로 위안을 줄 것이다.

- 사랑에서 발생하는 모든 문제는 정상이다.
- 사랑으로 인해 곤경에 처해 있다 해도 당신에게는 잘못된 게 아무것도 없다.
- 사랑하려고 노력하는 거의 모든 사람들이 제대로 사랑을 하는 데 문제가 있다.
- 외도와 같은 큰 실수조차도 용서받고 치유받을 수 있다.
- 매우 깊은 사랑에 빠진 경우라도 남녀 관계에 대한 어떤 진실을 깨닫지 못한다면 이들의 관계는 원만하지 못하다.
- 남자와 여자는 정말 다르다.
- 사랑에 빠지고 계속 머물러 있게 해주는 열쇠는 이러한 차이를 인식하고 포용하는 것이다.

수많은 사례 가운데는 마음을 따뜻하게 해주는 이야기도 있고, 재미있고 유머가 풍부한 이야기도 있다. 파경의 기로에 서 있다가 관계가 회복되어 사랑을 되찾은 이야기보다 더 만족스러운 것은 없을 것이다. 이러한 일이 어떻게 가능한지 이해하려는 마음은 늦은 아침을 먹고 나서 한참 후까지 부엌 식탁에 계속 앉아 있게 하는 그 무엇이다. 커피를 한 잔 더 따르며 우리 자신이나 다른 누군가가 처한 이야기를 한 번 더 시시콜콜하게 나누면서 말이다.

나는 이 책을 읽은 경험이 식사가 끝난 후 한담을 나누듯 사랑에 대해 생각하다가 갑자기 백열전구처럼 빛을 발하게 되기를 희망한다. '오! 그게 바로 나야!' 또는 '이것 좀 봐요, 여보! 우리 얘길 하고 있잖아요!' 하는 인식과 함께 말이다.

사랑에 빠진 화성남자와 금성여자

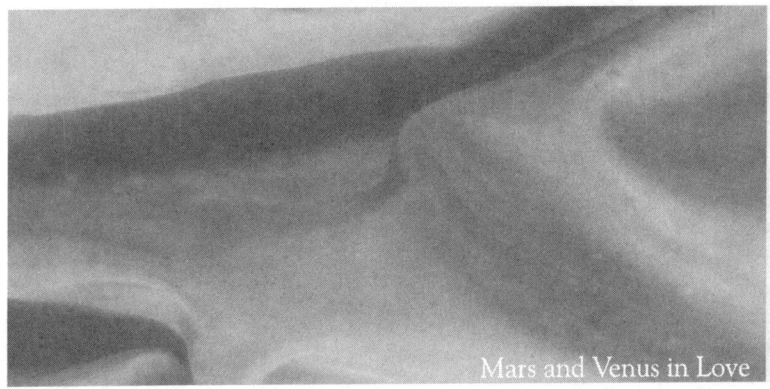

Mars and Venus in Love

화성남자들과 금성여자들은 미친 듯이 사랑에 빠져서 곧 결혼하게 되었다.

그리고 내내 행복하게 살았다.

지구라는 별을 방문하자고 결정하기 전까지는…….

 **사랑에 빠진 화성남자와 금성여자**
Mars and Venus in Love

　남자들은 화성에서 왔고 여자들은 금성에서 왔다고 상상해보자. 아주 오랜 옛날, 화성인들이 우주선을 타고 금성으로 여행을 갔다. 그들은 도착과 동시에 첫눈에 사랑에 빠지게 되었다.
　화성남자들과 금성여자들은 미친 듯이 사랑에 빠져서 곧 결혼하게 되었다. 그리고 내내 행복하게 살았다. 지구라는 별을 방문하자고 결정하기 전까지는……
　처음엔 모든 것이 완벽하기만 했다. 하지만 얼마 후 지구환경이 영향을 미치기 시작하여 남자와 여자는 모두 '선택적 기억상실증'에 걸리게 되었다. 이들은 자신들이 서로 다른 행성에서 왔다는 것을 잊어버리고 말았다.
　자신들이 얼마나 다른지 인식조차 하지 못한 채 화성남자들은 금성여자들을 붙잡아두어야겠다고 생각했고, 금성여자들은 화성남자들

을 좀더 발전시켜야겠다고 생각하게 되었다. 그리하여 이들은 서로가 원하는 '변화'를 행동으로 옮기기 시작했다. 그 와중에 또 하나의 변화가 이들 사이에 발생했다. 처음 느꼈던 사랑이라는 감정이 사라지기 시작한 것이다.

그런데 대부분의 화성남자들과 금성여자들이 자기네가 서로 다르다는 사실을 잊어버렸지만 그 반대의 경우도 있었다. 운이 좋은 이들은 자신들이 서로 다른 행성에서 왔다는 사실을 기억해냈다.

이 특별한 통찰력 덕분에 이들은 계속해서 서로 사랑하며 지낼 수 있었다.

> 대부분의 화성남자들과 금성여자들이 자기네가 서로 다르다는 사실을
> 잊어버렸지만 그렇지 않은 이들도 더러 있었다.

남자는 화성에서 왔고 여자는 금성에서 왔다는 이 깨달음은, 수많은 부부들이 사랑을 증가시키고, 더 나은 의사소통을 하고, 그들 관계의 열정을 이어가는 데 결정적인 열쇠가 되어왔다.

비현실적인 기대

남자와 여자가 똑같다고 잘못 생각할 때, 관계는 비현실적인 기대감으로 가득 채워진다. 여자는 사랑하는 남자가 자기와 같은 식으로

행동하리라 생각하고, 남자 역시 사랑하는 여자가 자기와 같은 식으로 반응하리라 생각한다. 남자와 여자가 서로 다르게 반응하는 것을 꿰뚫어볼 수 있는 명쾌한 통찰력이 아니라도, 우리의 감정이 가장 사랑하는 사람 때문에 상심하고 결국 그와의 전쟁으로 이어진다는 것은 쉽게 생각할 수 있는 일이다.

남자와 여자가 똑같다고 생각할 때
관계는 비현실적인 기대감으로 가득 채워진다.

남자는 화성에서 왔고 여자는 금성에서 왔다는 사실을 기억해내면서 우리는 서로의 행동과 반응을 새롭게 해석하게 된다. 남녀간의 오랜 전쟁은 서로의 오해에서 비롯되었다. 하지만 이제 남녀간의 관계에 마법과도 같은 아주 신비한 일이 일어난다. 우리의 마음은 용서라는 따뜻한 햇살로 가득 채워지고, 희망과 꿈을 인식하려는 새로운 용기를 얻게 된다.

갑자기 우리의 관계가 전혀 다르게 보이기 시작한다. 우리는 상대방이 사랑하려고 안간힘을 쓰고 있으며 자기만의 고유한 방식으로 최선을 다하고 있음을 보게 된다.

이러한 새로운 관점에서 사랑하려고 애쓰는 상대방의 많은 노력을 인식할 수 있다. 혼란과 좌절, 실망의 구름이 걷히기 시작하고 불현듯 상대방의 행동과 반응이 의미 있게 보이기 시작한다.

남녀간의 오랜 전쟁은 서로의 오해에서 비롯되었다.

사랑하는 마음이 분명히 보일 때 관계는 자동적으로 변화하기 시작한다. 거절당했다거나 무시당했다는 느낌 대신 항상 그 자리에 있었고 지금도 여전히 거기에 있는 사랑을 보게 된다.

건강한 사랑의 길

이 중요한 발견을 통해 수많은 부부가 그들만의 독특한 방법으로 다시 사랑의 불을 당길 수 있게 되었다.

이 책 전반에 걸쳐 우리는 가슴으로 느껴지는 매우 고무적인 이야기들을 탐험하게 될 것이다. 그들의 고유한 언어들을 직접 대하면서 서로 성공을 나누고, 그들의 실수로부터 교훈을 얻게 될 것이다.

각장에 나오는 이야기들을 통해 많은 사람들이 새롭고 결정적인 통찰력을 얻게 되리라고 생각한다. 이들 이야기 가운데 상당 부분은 내가 쓴 다른 책에서 이미 언급했거나 설명했던 것들이다.

그러나 이 이야기들을 듣는 가운데 자신의 감정과 경험을 정확히 알게 되는 데 도움을 얻을 것이며, 어떤 경우에는 자신이 원하는 관계를 창조하는 새로운 방법을 얻게 될 것이다. 그러나 기억해야 할 것은 이들 이야기가 모든 사람에게 직접적인 관련이 있는 것은 아니며, 당신 역시 그럴 필요는 없다는 점이다. 이 책 속에 묘사해놓은 남자와 여자의 차이는 모든 이들에게 딱 들어맞지는 않는다.

    여기에 실린 이야기들은 수많은 사람들과 관련되어 있기 때문에 선정된 것들이다. 독자 자신 혹은 사랑하는 사람이 이 책 곳곳에 그려져 있다면 당신은 친밀한 관계에 있는 친구나 가족과 함께 서로의 생각을 토론할 수 있는 기회를 얻게 될 것이다.

    제2장의 '화성에서 온 남자, 금성에서 온 여자'에서는 서로 다른 남녀의 방식을 얼마만큼 깊이 이해해야 지속적인 사랑을 키워나갈 수 있을지 탐구한다. 남녀가 서로 다르다는 사실만 기억하면 거절당하고 무시당했다는 느낌에서 자유로워질 수 있으며, 사랑하는 사람을 이해하고 자신이 필요한 것을 얻는 데 필수적인 시간을 기꺼이 투자하겠다는 의욕이 생긴다.

    제3장 '남자와 동굴'에서는 자신의 동굴 속으로 움츠러들고자 하는 남자의 당연한 욕구를 여자가 이해하는 것이 관계를 얼마나 극적으로 향상시키는지를 설명한다. 이따금씩 움츠러드는 남자의 요구를 인정하는 것을 통해 그가 자유로워지고, 자신의 말에 더욱 귀기울이게 되었다는 사실을 많은 여자들이 깨닫게 되었다. 또한 움츠러들려는 남자의 요구를 받아들였을 때 그가 훨씬 빨리 밖으로 나오게 됨을 깨달은 여자들도 있다.

    제4장 '다른 언어로 말하기'에서는 남자와 여자의 의사표현이 어떻게 다르며, 서로가 대화를 나누는 이유를 어떻게 다르게 이해하는가를 설명한다. 남자는 언어를 사용해 자신이 주장하고자 하는 요점을 지적하고 문제를 해결하려 하지만, 여자들은 말을 하는 동안 자신

이 말하려고 하는 바가 무엇인지 알아내고 자신의 감정에 대해 이야기를 나눈다. 또한 더 깊은 친밀감을 느끼기도 한다. 4장의 이야기들은 이러한 남녀의 차이점들을 이해해가면서 의사소통이 극적으로 향상됨을 보여준다.

제5장 '화성남자들이 온다'는 관계의 상처가 너무 커서 해체의 위기에 처해 있다가 남녀의 차이에 대한 새로운 통찰에 근거하여 상처가 치유되고 사랑을 다시 꽃피우기 시작한 이야기들이다. 여자와 남자가 사랑을 키워나가는 도중에 모든 일이 혼란스럽고 화가 치밀어 오를 때, 자신과 상대방의 요구를 만족시키는 방법을 찾아가는 모습을 이 장에서 보게 될 것이다.

제6장 '화성남자와 금성여자가 나누는 인사'에서는 남녀가 사랑을 전하는 각기 다른 방식을 보여준다. 이러한 차이점에 대한 이해가 모자랐기 때문에 많은 사람들이 사랑에 실망하고 좌절하는 것이다. 여기 실린 이야기들은 남자에게는 한 여자로 하여금 마음으로부터 존중받는다는 느낌을 갖게 하는 것의 중요성을, 그리고 여자에게는 배우자와 그가 성취해놓은 업적에 대한 감사의 표현이 갖는 가치를 보여주는 실례를 제시했다.

마지막으로 제7장 '화성남자와 금성여자, 둘이서 영원히'에서는 일부 결혼생활에서 특히 어려운 문제들, 즉 학대라든가 약물 중독, 사기, 외도 등을 보게 될 것이다.

여기 실린 이야기들은 이러한 문제들이 사랑에 끼치는 심각한 영향 때문만이 아니라 상심에서 벗어나 굳건하고 건강한 사랑의 관계를 향해 가는 길을 예시해준다는 점에서 주목할 만하다.
　이 책의 각장에서 우리는 남녀의 차이에 대한 이해를 통합하여 적용하는 새로운 방법을 발견하게 될 것이다. 또한 각 이야기를 접할 때마다 가까운 사이에서뿐만 아니라 모든 관계에서 불가피하게 일어날 수 있는 문제와 갈등을 어떻게 해결해나가야 하는지를 조금씩 깨닫게 될 것이다.

이야기의 공유라는 마법

　관계에 관한 이야기 속에서 자신이나 연인을 발견하면서 무엇이 우리의 관계를 더욱 사랑하는 연인 사이로 만들어가는가에 대한 이해가 절로 강화될 것이다. 관계를 의미 있게 해주는 것이 무엇인가에 초점을 맞추다 보면 이런 특성들이 자연스럽게 살아 움직이게 된다.
　우리의 관계에서 무엇인가 놓칠 수도 있음을 깨닫고, 단순히 상실감을 느끼는 선에서 그치는 것이 아니라 만족을 얻을 수 있는 새로운 가능성에 용기를 얻게 될 것이다. 자신과 연인의 실수를 웃어넘기고 나면 분노는 사라지고 우리의 마음은 사랑과 용서로 가득 채워진다.
　이러한 성공담에 감명을 받거나 이미 지니고 있는 사랑과 이해에 감사함으로써 자신과 똑같은 사람들의 변화를 공유하게 되고, 이들이 서로를 사랑하고 존경하는 능력이 성장해감에 따라 우리의 경험도 풍부해질 것이다.

화성에서 온 남자, 금성에서 온 여자

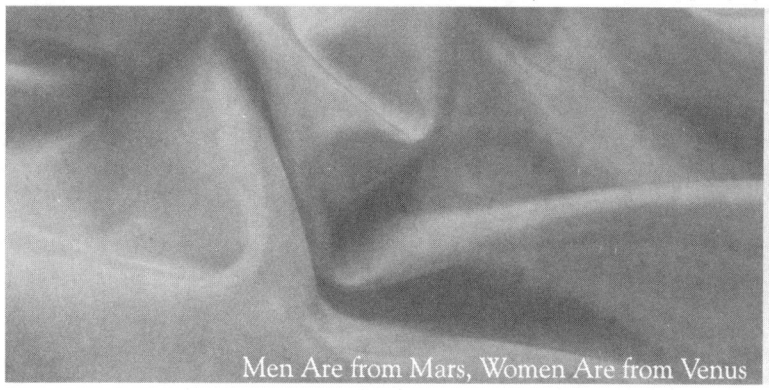

Men Are from Mars, Women Are from Venus

우리는 서로 다르지만 그이의 방식도 내 방식 못지않게 중요합니다.
내가 한쪽으로 고정될 필요가 없듯이 그이도 마찬가지인 거죠.

 화성에서 온 남자, 금성에서 온 여자
Men Are from Mars, Women Are from Venus

남자와 여자는 다르다. 너무 달라 다른 행성에서 온 사람들 같다.
 이런 사실을 기억한다면 사랑하는 사람을 비난할 일도 없을 뿐더러 사랑하는 이에게 필요한 것을 이해하는 데 기꺼이 시간을 투자할 것이다. 나와 다른 사랑하는 이의 행동방식과 반응을 연약함의 표시나 신경증적 성향쯤으로 받아들이면 안 된다. 오히려 사랑하는 이를 있는 그대로 사랑하고 받아들여야 한다. 다음의 이야기들은 남녀간의 차이를 이해하는 것이 얼마나 유익하고 자신감을 주는지를 들려준다.

우리는 혼자가 아니야

바바라는 이런 이야기를 들려주었다.

"로저와 나는 기막힌 연인 사이였어요. 물론 항상 그랬던 것은 아니었죠. 우리는 늘 줄다리기를 하는 것 같았어요. 그이가 성가시게 하는 일이 아주 많았거든요.

선생님의 책을 읽으면서 꼭 선생님이 우리 집 안에서 우리 주위를 따라다닌 게 아니었나 하는 생각이 들 정도였어요. 우리끼리 나누었다고 생각한 이야기가 그 책 속에 다 들어 있었거든요. 다른 사람들도 우리와 같은 경험을 했다는 사실을 알게 되니 마음이 편안해지더군요.

> 다른 많은 사람들도 똑같은 경험을 했다는 사실을 알게 되니
> 서로에게 비난의 말을 하지 않게 되더군요.

문제가 있을 때 이제 나는 로저가 뭔가 잘못한 거라고 단정짓지 않아요. 내가 원하는 것을 얻었기 때문에 무력감을 느끼지도 않아요. 그리고 가장 중요한 것은 로저의 행동을 그가 나를 사랑하지 않는다는 표시로 해석하지 않게 되었다는 점이죠."

뒤로 물러나는 법을 배워야 한다

넬은 이렇게 썼다.

'남편 스튜어트는 아주 과묵한 사람이죠. 그는 정말로 화성 출신

다워요. 나는 그가 무엇을 생각하고 느끼는지 전혀 알 수 없었고, 그것이 나를 굉장히 불행하게 만들었어요. 난 내가 알아야 한다고 생각했죠.

그이의 생각과 느낌을 함께 나눌 수 없다면 어떻게 부부라고 할 수 있겠어요? 그를 힘들게 하는 게 무엇인지 내가 모른다면 어떻게 상황을 개선시켜나갈 수 있겠어요? 난 뭔가 잘못되었다고 생각했어요. 만일 그가 아무 말도 하지 않는다면 상황은 점점 더 악화되어 갈 거라고 생각했죠. 게다가 우리는 대화를 나누지 않았고, 그래서 우리 사이는 더 나빠졌습니다.

관계를 호전시키려는 내 시도는
오히려 사태를 더욱 악화시킬 뿐이었어요.

그에게 말을 하라고 재촉하는 것이 그를 더욱더 뒤로 움츠러들게 한다는 것은 상상도 못했어요. 화성인들은 자기만의 동굴로 들어가 해결책을 찾을 때까지 생각하고 생각한 후에야 동굴 밖으로 나온다는 것을 알고 난 뒤, 나는 비로소 상황을 호전시키려는 내 시도가 오히려 악화시켰음을 알게 되었죠.

내가 한 발 뒤로 물러서자 모든 것이 변하기 시작했어요. 스튜어트의 분위기가 훨씬 좋아지기 시작한 거죠. 동굴에서 나온 그는 나에 대해 전보다 주의 깊은 관심을 보여주었어요. 이런 통찰력이 없었다면 우린 아직까지도 전쟁 중일 거예요.'

듣는 법을 배워라

척의 이야기다.

"듣는 법을 배우는 것은 여자들이 금성에서 왔다는 것을 이해하는 데서 얻은 가장 소중한 선물이었습니다. 나는 어떤 관계에서 가장 중요한 요소가 의사소통이라는 것을 알고 있었고, 나 자신을 평가할 때 아주 잘하고 있다고 생각했습니다.

사실 의사소통은 내 직업입니다. 라디오 인터뷰 진행자거든요. 그런데 왜 아내는 나에게 그렇게 좌절했을까요? 그녀는 왜 나와 대화하기를 포기했을까요?

아내가 얘기하려고 할 때마다
나는 해결책을 가지고 화제에 뛰어들었습니다.

대개의 남자들처럼 나 역시 문제의 해결에 초점을 맞추었습니다. 아내가 얘기하려고 할 때마다 나는 해결책을 가지고 대화에 뛰어들었습니다. 나는 그녀의 생각을 분명하게 해주고, 감정을 바로잡아주려고 노력하며, 해결책을 제공함으로써 문제를 해결하려고 했습니다. 나는 그녀가 정말로 해결하고 싶어하는 것을 제외한 그녀의 모든 문제를 해결해주려고 시도했습니다. 그녀가 정말로 내게 원했던 것은 '그냥 듣는 것' 뿐이었습니다.

아내는 지난 몇 년간 그런 말을 해왔지만 나는 아내의 말이 무슨 뜻인지 한마디도 이해할 수 없었습니다. 이제 비로소 '그냥 듣는 것'은 내가 해결책을 제시하기 전에 그녀로 하여금 자신의 의도를 완성하게 하는 것임을 알게 되었습니다.

이제 나는 '그냥 듣습니다.' 내가 해결책을 제시하는 일을 그만두었더니 그녀는 갑자기 내가 자신의 말을 '듣고 있다'는 느낌을 받았다고 하더군요."

작은 행동으로 사랑하기

마지가 차근차근 이야기하기 시작했다.

"친구들이 존 그레이 박사의 책을 읽어보라고 했을 때 속으로 아주 강하게 반발했어요. 어떤 남자가 우리 관계를 개선시키기 위해서 이런저런 것을 해야 한다고 이야기하는 건 정말이지 듣고 싶지 않았거든요. 관계를 개선시키기 위해 도대체 왜 여자들만 모든 것을 해야 하는 거죠? 나는 내가 뭐든지 더 해야 한다는 게 지긋지긋해졌고, 변화를 위해 뭔가 해야 하는 사람은 남편 필립이라고 생각했어요. 좋아하진 않았지만 나는 약을 복용하기도 했지요.

나는 그이를 위해 무엇인가를 해야 한다는 생각을 그만두었어요. 동시에 그이가 나를 위해 무엇인가를 해야 한다고 요구하는 일도 그만두었지요. 그리고 한 달이라는 시간을 내가 하고 싶은 일을 하는 데 투자했어요.

나는 부엌 치우는 일도 그만두었어요.
부엌이 엉망진창이 되니까 그이가 치우기 시작하더군요.

나는 그이에게 말 좀 해보라고 재촉하는 일도 그만두었어요. 그랬더니 그이가 나에게 오늘 어땠느냐고 묻기 시작하더군요. 그래도 나는 그이에게 오늘 어땠느냐고 묻지 않기로 했어요. 몇 주가 지나니까 그이가 스스로 자신의 하루 일과에 대해 말해주기 시작하더군요. 내가 묻지도 않았는데 말이에요.

나는 부엌 치우는 일도 그만두었어요. 부엌이 엉망진창이 되니까 그이가 치우기 시작하는 거 있죠. 나는 그이 옷을 마루에 그대로 두었어요. 그러니까 점차 자기 옷가지들을 치우기 시작하더군요. 내가 바랐던 것은 아니지만 해보니까 되더라고요.

그이의 행동에 감사하는 것은 비밀스럽고도 신비한
사랑의 묘약과도 같았어요. 그이가 편안해하는 것이 느껴졌어요.

나는 그이가 하는 일이면 무엇이든지 직접 고맙다는 말로 표현했어요. 부엌이 난장판이 되는 것을 원하지는 않았지만, 그이가 치울 때까지 그냥 내버려두었지요. 그이는 부엌을 다 치우고 나더니 미소를 지으며 이렇게 말했어요.
'정말 근사하지?'
그이의 행동에 감사하는 것은 비밀스럽고도 신비한 사랑의 묘약과도 같았어요. 내가 고맙다고 말하면 그이는 마음이 편안해지는 것 같더군요. 그게 얼마나 쉬운 일인지 전에는 상상도 못했어요. 나의 이 한 가지 변화로 그이는 바뀌었어요. 그러고 나니까 나도 다시 사랑을 느끼게 되더군요.

그래요. 우리에겐 변화가 필요했어요. 하지만 내가 생각했던 모습대로 변화된 건 아니죠. 나는 이렇게 되었으면 하는 바람은 접어둬야 했어요. 우리 집은 난장판이에요. 그이는 가끔 며칠 동안 자기 동굴 속에 틀어박혀 있죠. 하지만 그이가 밖으로 나오면 우리는 열렬히 사랑하게 되는데, 이것은 내게 아주 값진 일이에요.

내가 하던 모든 일에서 한 걸음 물러나서 그이에게 날 도와주지도, 챙겨주지도 않는다고 화내던 일을 참는 건 아주 힘든 일이에요. 하지만 그렇게 하면 된다는 것을 일단 경험하고 나니까 전보다 훨씬 서로를 사랑하게 되었고, 두 사람 사이도 훨씬 수월해졌어요. 그만한 가치가 있는 일이었죠."

새로운 출발

주디가 말했다.

"우리 부부는 서로 합해서 여섯 번 결혼을 했습니다. 이번 결혼이 서로에게 각기 세 번째이지요. 이제 사흘만 있으면 내 나이 쉰두 살이 됩니다. 결혼 후 최고의 관계를 이루지 못한다면 뭐 하러 또 결혼했겠어요? 어정쩡한 사이가 되느니 차라리 혼자 사는 게 낫지요. 켄과 결혼했을 때 난 마흔둘이었고, 켄은 쉰한 살이었습니다. 성인들이었죠. 다 큰 사람이었단 말입니다. 우리는 두 사람의 인생에서 구속의 다음 단계를 밟기 위해 결혼을 했습니다. 결혼을 통해 서로에게 어떠어떠해야 한다고 규정짓던 구속의 다음 단계를 보여준 거지요. 그건 바로 전혀 구속하지 않는 거였어요.

이것이 바로 그 무엇인가로 차츰 다가가는 전환점이 되었죠.

내 첫 번째 결혼은 15년 만에 이혼으로 끝났습니다. 그때는 좋은 관계가 된다는 게 무엇인지 몰랐어요. 우리 부모님은 항상 싸웠고, 서로에 대한 존경심도 거의 표현하지 않았죠. 나는 똑똑하니까 우리 부모님과는 다르게 살아갈 수 있다고 생각했는데 결국 나도 마찬가지였어요.

이혼 후 1년 반 만에 다시 결혼을 했어요. 두 번째 남편은 괜찮은 남자였지만 이번에도 잘되지 않았어요. 적어도 15년을 끌 필요가 없었죠. 혼란스러운 와중에도 내가 어떻게 처신해야 할지 전혀 모른다는 사실이 점점 더 분명하게 다가왔어요.

> 내가 그이에게 유익한 충고를 그만두니까
> 그이가 내 말을 듣기 시작했습니다.

그때 켄이 내 인생 속으로 들어왔고 모든 게 변하기 시작했어요. 우리는 존 그레이 박사의 세미나에서 만났습니다. 난생 처음으로 나는 남자를 이해하기 시작했고, 우리 관계 속에서 무슨 일들이 일어나고 있는지 돌아볼 수 있게 되었어요. 그때 비로소 나는 남자들이 알아들을 수 있도록 대화하는 법을 배우게 된 것 같아요. 그이에게 늘 하던 유익한 충고를 그만두니까 그이가 내 말을 듣기 시작하는 거예요. 이제 결혼한 지 10년이 되었지만 우리는 서로 행복하다고 생각하고 있고, 난 그 이유를 잘 알고 있습니다.

우리는 대화가 가능하고 서로를 다른 성性으로 존중할 줄 압니다. 물론 이러한 차이가 서로에게 어떻게 작용하는지도 알고 있지요. 난 나를 이해하는 게 켄에게 쉬운 일이 아니라고 생각하게 되었어요. 가끔 나 자신도 나를 모를 때가 있는데, 어떻게 화성인이 나를 이해해주기를 기대할 수 있겠어요? 그이가 내 말에 귀를 기울이고 이해하려고 노력하는 그 자체가 정말 고맙다는 것을 알게 되었지요.

> 난 생각했어요. 만일 그이가 날 사랑한다면
> 스스로 대화를 통해 나와 관계를 맺고 싶어할 거라고.

나는 그저 켄이 내 이야기를 들어주고 노력해주기만을 바랐지요. 그리고 이렇게 생각했어요. 만일 그이가 날 사랑한다면 스스로 대화를 통해 나와 관계를 맺고 싶어할 거라고. 전에는 남자들이 그렇게 해서 관계를 형성한다는 걸 몰랐던 겁니다.

나를 위해 뭔가가 하고 싶어질 때 그이는 관계가 형성되었다고 생각합니다. 그저 수동적으로 듣기만 하면 남자는 자신이 도움이 될 만한 어떤 일도 하지 않는다고 느끼게 되죠. 그래서 쉽게 싫증을 내고 조바심을 내고 산만해지고, 그러다가 무관심으로 발전하게 되는 거예요. 내가 켄에게 고마움을 나타내니까 그이도 스스로가 도움이 되고 있다고 생각한 모양입니다. 그 때문에 그이도 더 행복해할 뿐만 아니라 나 역시 그이의 도움을 당연하게 받아들여서는 안 되겠다고 생각하게 되었지요.

나는 우리의 모든 차이점들을 쉽게 받아들이고 포용하리라고는 기대하지 않습니다. 가끔 힘이 들 때도 있지만, 현재로서는 누군가를 나와 아주 다른 사람으로 대해야 한다는 점에는 공감하고 있습니다.

우리는 서로 다르지만 그이의 방식도 내 방식 못지않게 중요합니다.
내가 한쪽으로 고정될 필요가 없듯이 그이도 마찬가지인 거죠.

남자는 화성에서 왔고 여자는 금성에서 왔다는 사실을 기억한다면 우리는 서로의 차이점을 존중해주고 무시하거나 부정하려고 애쓰지 않게 됩니다. 이제 켄과 나는 나이를 먹을 만큼 먹었습니다. 우리 나이면 남자나 여자나 모두 똑같다고들 하지요. 하지만 그 말은 옳지 않습니다. 우린 서로가 전혀 같지 않다는 걸 발견했습니다. 하지만 동시에 어느 한쪽이 다른 한쪽보다 더 낫지 않다는 것도 알게 되었지요. 단지 우리는 서로 다르지만 그이의 방식도 내 방식 못지않게 타당하다는 걸 기억하는 게 중요합니다. 내가 한쪽으로 고정될 필요가 없듯이 그이도 마찬가지라는 점을 알게 되었다는 거지요.

내 경험에 의하면, 남자와 여자는 서로 생각하고 행동하는 방식이

다릅니다. 몇 년을 함께 지내면서 우리는 서로 다른 본성에서 점점 멀어지게 되지요. 그래서 난 지금 있는 그대로의 켄을 사랑함으로써 나 자신도 사랑하고 수용하게 되는 겁니다. 그렇게 되는 데 52년이 걸렸고 지금 난 무척 감사하고 있습니다."

서로 사랑하며 함께 성장한다

이 이야기는 프레드가 들려주었다.

"난 메리 라이트라는 이름을 계속 들었습니다. 그녀가 존 그레이 박사의 작업을 해냈는데, 내가 그녀를 좋아하게 될 거라고 사람들이 말하더군요. 난 그때 존 그레이 박사의 세미나에 관계하면서 내 심리치료에 그의 작업을 사용하고 있었습니다. 그래서 내가 메리를 좋아하게 될 거라는 말이 그럴 듯하게 들렸나 봅니다. 하지만 그때 난 다른 여자와 헤어진 직후였기 때문에 데이트에는 관심이 없었습니다. 그렇다고 우울증에 빠진 것도 아니었죠. 아주 잘 지내고 있었어요. 단지 데이트에는 관심이 없었을 뿐입니다.

그러다가 우연히 한 세미나에서 메리를 만나 그녀와 춤을 추게 되었습니다. 그때 내가 했던 생각이 떠오르는군요.

'이 여자는 정말 사랑스럽군. 하지만 아무런 화학반응도 없는걸.'

그녀는 매우 근사하고 매력적이며 이지적이고 고상하게 보였습니다. 하지만 감정적인 어떤 친밀감을 느낄 수는 없었습니다. 그리고 1

년 반이 지난 후 그녀를 다시 만나게 되었습니다. 어떤 파티에서였죠. 그녀는 그곳에서 가장 아름답고 재미있고 환상적으로 보였습니다. 나는 그녀와 대화를 나눈 지 35분 만에 그녀의 전화번호를 알아냈고, 보름쯤 지나 그녀에게 전화를 걸어 내 딸과 함께 빌리 조엘 콘서트에 가자고 했습니다. 정말 너무나 환상적인 콘서트였습니다.

그날 밤 나는 그녀에게 말했습니다.

'메리, 난 당신이 좋소. 당신과 함께 있는 시간이 자주 있었으면 좋겠소. 오늘밤을 당신과 함께 보내서 정말 즐거웠소.'

그녀가 말하더군요.

'나도 그래요. 하지만 당신에게 아주 중요한 말을 해야겠어요. 나는 우리 관계를 아주아주 천천히 진행시키기를 원해요. 지금 난 내 속에 깊이 뿌리 박힌 생활방식에서 벗어나기 위해 열심히 노력하고 있는 중이에요. 내가 당신과 육체적으로 관계를 맺는 것이 가능하지 않다는 것을 당신이 이해해주었으면 좋겠어요.'

나는 당연히 그 말이 무슨 뜻이냐고 물었습니다.

'만일 내가 당신 손을 잡을 수 없다면, 아니 우리가 서로 안아보지도 못한다면 그건 심각한 일이 될 거요. 하지만 육체적 관계나 사랑의 어려움에 대해 솔직하게 이야기해주니 고맙소.'

'당신이 이해해주니 저도 고맙군요.'

그녀는 미소를 지으며 대답했습니다.

그리고 우리는 잘 자라며 포옹을 하고는 한바탕 웃었습니다. 그게 첫 데이트의 전부였습니다. 우리 관계는 천천히 진행되었습니다. 그러는 가운데 하나의 패턴을 만들어놓았죠. 몇 달 후 나는 메리와 내 딸, 그리고 딸아이 친구와 함께 놀이동산에 갔습니다. 그 당시 나는 다른 두 명의 여자친구를 만나고 있었는데, 놀이동산에 갔다오고 난 뒤 내가 정말 함께 있고 싶어하는 사람은 오직 메리뿐이라는 것을 알게 되었습니다. 우리는 만난 지 4~5개월 만에 첫 키스를 했고, 얼마 뒤에는 육체적인 관계로까지 발전했습니다. 1년 후 결국 우린 함께 살게 되었습니다.

존 그레이 박사의 작업은 메리와 내가 공유했던 중요한 것들 가운데 하나였습니다. 전과 후가 판이하게 달랐으니까요. 세미나에 참석하기 전과 그 작업을 아주 잘 배우고 난 다음의 메리와의 관계 말입니다. 내가 메리에게 충고를 하지 않으려고 자제한 것이 우리 관계에 도움이 되었다는 것을 알 수 있었습니다.

초등학교 4학년 교사였던 그녀는 사내아이들에게 어떻게 살아야 한다는 점을 가르치는 데 익숙해 있었습니다. 그러나 전형적인 화성남자인 나는 '이거 해라, 저거 해라' 하는 잔소리를 듣는 게 질색이었습니다. 나는 메리가 존 그레이 박사에게 내가 잔소리를 흔쾌히 들어줄 수 있는지 물어보라고 배웠다는 것을 알고 있었고, 이 점에 대해 감사하고 있습니다. 그녀는 실제로 내 딸아이한테도 그런 방식으로 나를 더욱 잘 이해할 수 있는 몇 가지 가르침을 주기도 했습니다.

'이거 해라, 저거 해라' 하는 잔소리가 질색이었던 나는
메리가 이야기를 기꺼이 들어주겠느냐고 물어왔을 때 정말 고마웠습니다.

지금까지 우리의 관계를 성공으로 이끈 가장 값진 열쇠는 내가 메리의 감정에 귀기울이는 법과 그것을 평가하지 않는 법을 알게 되었다는 겁니다. 비록 나는 심리치료사이지만 존 그레이 박사의 작업을 통해 많은 것을 배우고 깨달을 수 있었습니다. 너무나도 오랫동안 여자들의 감정의 가치를 인정하지 않았던 남자들은 자신들이 그런 짓을 하고 있다는 사실조차 모르고 있을 정도입니다. 그래서 대부분의 남자들은 이런 식으로 대꾸합니다.

'물론, 당신은 그렇게 느낄 수도 있겠지. 하지만 우리 한번 논리적으로 따져보자고. 어때?'

훌륭하게 귀기울이는 사람이 되기 위해서 나는 여자의 감정을 깎아내리지 않고 들어주는 방법을 배워야 했습니다.

남자들은 그저 여자들의 감정의 가치를 깎아내립니다.
나는 여자의 감정을 깎아내리지 않고 들어주는 방법을 배워야 했습니다.

남자들이 여자들의 감정을 깎아내리는 데는 그럴 만한 문화적인 이유가 있습니다. 남자들은 일종의 남성만의 클럽에 속해 있게 됩니다. 그것은 아주 어린 소년 시절부터 시작됩니다. 이들은 사내아이들이 여자아이들보다 더 낫다고 믿게 됩니다. 더 똑똑하고, 더 힘세고, 그 외에도 여러 가지 면에서 더 낫다고 생각하는 겁니다. 그리고 나이 먹은 남자들, 즉 아버지, 삼촌, 할아버지, 형들이 여자들의 가치와 감정을 깎아내리는 소리를 듣게 됩니다. 따라서 사내아이들은 여성적인 지혜에 대한 어떤 이해나 깊은 생각 없이 성장합니다.

　대부분의 남자들처럼 존 그레이 박사의 세미나를 듣기 전까지 나는 여자들과 그들의 감정과 생각에 대해 내 마음속에 경멸이 숨겨져 있다는 사실을 전혀 깨닫지 못했습니다. 내 생각에는 메리를 만나기 전에도 여자들의 말에 진지하게 귀를 기울였던 것 같은데, 실제로는 내 딸말고 이 정도 수준으로 귀기울여 이야기를 들어본 여자는 메리가 처음이었습니다.

　남자가 귀를 기울일 때 여자는 비로소 남자들에게 갖고 있던 분노와 경멸을 포기하게 됩니다. 나는 심리치료사라는 직업을 통해 이 점을 잘 알고 있습니다. 그렇게 될 때까지 닫힌 문 뒤에서 여자들은 '남자들은 정말로 멍청하다' 라는 말만 되풀이하게 됩니다. 하지만 정말로 여자들에게 귀기울여주면 신뢰가 싹트기 시작합니다. 메리에겐 내가 그녀의 말에 귀기울인다는 것은 굉장한 의미였습니다. 물론 나에게도 굉장한 의미였지요. 마침내 메리와 나는 일종의 동료의식을 갖게 되었습니다.

　존 그레이 박사의 작업은 이러한 방법으로 신뢰의 길을 열어주었습니다. 바로 이런 식으로 여자들은 동굴에 대해 편안해질 수 있습니다. 여자들은 이 남자가 밖으로 나올 것이라는 걸 압니다. 나 역시 내가 하고자 했던 일들을 인정받는다는 것이 얼마나 큰 의미인지를 깨닫게 되었습니다. 사실 나는 전처가 내가 하는 일을 당연하게 여기고 결코 고마워하지 않는다고 느꼈거든요. 존 그레이 박사의 작업은 특별한 인간관계의 국면을, 즉 감사를 표현하는 것이 인간에게 얼마나 중요하게 작용하는가를 조명해주었습니다.

예를 들면 메리가 '사랑해요' 하고 말하면 나는 분명 그 말을 듣고 좋아합니다. 하지만 '여보, 당신이 이 표를 구해줘서 정말 행복해요' 라든가 '쓰레기를 치워줘서 고마워요' 또는 '훌륭한 아빠가 되려고 노력하는 모습을 보면 정말이지 당신이 존경스러워요' 라는 말을 해주면 여러모로 그렇게 인정해주는 게 나한테는 훨씬 더 소중한 의미로 다가옵니다.

이 가르침은 아주 기본적인 것입니다. 나는 내 환자들에게도 이 가르침을 활용하고 있습니다.

남자와 여자의 차이를 이해하면 신뢰가 싹트게 되고, 신뢰는 생각보다 더 많은 안정감을 제공합니다. 여기서 사랑이 피어날 수 있습니다. 바로 메리와 나에게도 이런 일이 일어났습니다. 우리 둘 사이에 사랑이 피어난 것입니다. 우리는 1994년에 결혼했습니다. 존 그레이 박사 부부도 우리 결혼식에 와주었습니다."

먼저 나를 발견한 후에 우리를 찾아라

메리의 이야기를 들어보자.

"나는 로맨스중독자예요. 아니, 정확히 말하면 로맨스중독자였습니다. 다섯 살 때 처음으로 남자친구를 사귄 이후 남자친구가 없었던 적이 없었어요. 세 번째 결혼 후 2년이 지날 때까지 남자 없이 산 적이 없었으니까요. 그때가 마흔두 살이었어요. 우리 집안에는 중독증 환자가 많았어요. 우리 엄마는 알코올중독자였고, 마약과 알코올로 오빠 둘을 잃었지요. 결혼을 세 번씩이나 하고 나니 깨닫는 게 있었어요. 짐작하시겠지만 나한테도 중독증세가 있다는 사실이었어요. 물론 나는 마약이나 술은 하지 않아요. 그러나 결혼을 하지 않고는 못 배겼죠. 존 그레이 박사의 워크숍에 참석하면서 그것을 비로소 깨닫게 되었어요.

나는 로맨스중독자예요. 아니 그랬었죠.
다섯 살 때 처음 남자친구를 사귄 이후 남자친구가 없었던 적이 없었어요.

이러한 사실을 깨달은 후에 나는 마침내 나 자신에게 말했어요. '이제부터는 나와 사귈 거야. 그래서 내가 누군지 알아낼 거야.'
그래서 나는 아파트를 구입하고 남서부로 여행을 떠났어요. 그리고 내가 좋아하는 음악이 뭔지 알아내기 위해 음악세계를 탐험했어요. 나는 나 자신에게 이렇게 말했어요.
'이것이 나의 모습이야. 이것은 내가 좋아하는 거야. 그리고 이것은 내가 좋아하지 않는 거야. 이것은 내가 받아들일 수 없는 거고, 내가 받아들일 수 있는 건 이거야.'
그러다가 나는 다시 사랑에 빠지게 되었지요. 처음으로 나 자신과 사랑을 하게 된 거예요.
혼자 있던 그 시기 동안 나는 프레드 클라이너라는 이름을 듣게 되었어요. 사람들은 우리가 서로 좋아하게 될 거라고 생각했죠. 그럴 때마다 난 사람들에게 이렇게 말했어요.

'난 관심 없어요. 당분간 데이트는 안 할 거예요.'

하지만 계속해서 그이의 이름이 들려왔어요. 그를 만날 수 있는 기회가 전혀 없었던 것은 아니에요. 그러던 어느 날 한 파티에 참석했는데, 거기에서 프레드 클라이너와 마주치게 되었어요. 그이가 먼저 내게 다가와 이야기를 시작했죠. 정말 유쾌한 사람이었어요. 그이는 내 전화번호를 물었고, 몇 주 후 전화를 걸어 콘서트에 함께 가자고 하더군요.

콘서트장으로 들어서는데, 갑자기 빨간 경고등이 깜빡이면서 이런 생각이 떠오르는 거예요.

'난 당신을 알고 싶어요. 난 세 번 결혼한 경험이 있어요. 하지만 당신과 어떻게 사귀어야 할지 모르겠어요. 이번에는 좀 다르게 사귀고 싶거든요.'

그이가 팔로 내 어깨를 부드럽게 감쌌고 나는 계속 생각했어요.

'내가 당신에게 키스를 할 수 있을지, 할 수 있다면 언제 해야 할지 모르겠어요. 나는 완전히 새로운 영역에 살게 되었거든요.'

분명 이제까지 키스는 달콤한 유혹의 함정이었어요.

그때 프레드가 이렇게 말했어요.

'당신과 포옹해도 되겠습니까?'

'포옹은 아무 문제없어요. 하지만 키스는 그렇지 않아요. 나는 관심을 두고 있는 누군가와 키스를 할 때면 그 순간 완전히 거기에 빠져

버리고 말지요. 그러면 로맨스중독증에 빠져들어 환상의 나라를 창조하게 돼요.'

'멋진데요.'

그이가 말했어요. 우리는 그날 밤 콘서트에서 아주 멋진 시간을 보냈어요. 하나의 색다른 패턴이 생긴 셈이죠. 우리는 다섯 달 반 동안 저녁식사도 같이하고 영화도 봤어요. 프레드는 나를 아파트까지 데려다주었고, 우리는 포옹도 하고 깔깔대며 웃기도 했지만, 난 여전히 성관계를 가질 준비가 되어 있지 않았어요. 프레드는 굉장한 남자였어요. 강요하는 법이 전혀 없었거든요. 그이는 나를 존중해주었어요. 존 그레이 박사의 작업을 내적으로나 외적으로 잘 알고 있던 그이가 근사하게 해냈던 거예요.

> 난 병적으로 사랑에 빠지지도 않았어요. 그리고 비현실적이고 낭만적인
> 나의 기대가 이루어지지 않는다고 실망하지도 않았어요.

프레드야말로 시간을 아까워하지 않고 내 말에 귀를 기울여준 첫 번째 남자였어요. 덕분에 나는 계속 그이와 교제할 수 있었죠. 난 병적으로 사랑에 빠지지도 않았어요. 또한 비현실적이고 낭만적인 나의 기대가 이루어지지 않는다고 실망하지도 않았죠. 물론 우리 사이가 언제나 순탄한 것만은 아니었지만 우리는 모두 극복해냈어요. 나는 남자들에게는 자신만의 일을 할 수 있는 공간이 필요하다는 것과 그럴 땐 그냥 내버려두어야 한다는 것을 배우게 되었지요. 프레드는 내

가 말을 할 때면 그냥 놔두었어요. 그이는 내가 말을 계속할 수 있도록 귀기울여 그냥 듣고만 있는 법을 배우게 됐지요.

이제 나는 나의 로맨스중독증을 직시하며 있는 그대로를 이해할 수 있게 되었어요. 사랑이 어떠어떠하리라고 생각했던 것은 그저 환상일 뿐이었죠. 너무나 절망적으로 사랑받고 싶어했던 나는 남자가 원하는 것은 무엇이든 해주고 싶었어요. 그리고 그로 인해 나 자신을 잃게 되었지요.

당시에는 내 남편이었던 그와 하나가 되고 싶은 마음에 나는 내가 누구인지, 내가 원하는 것, 내가 좋아하는 것이 무엇인지에 대해서는 생각조차 하지 않으려고 했어요. 그저 그의 인생 속으로 들어가 그의 일부가 되려 했던 거죠. 그럼에도 불구하고 점차 내가 불행하다는 사실과 내가 원하는 것을 얻지 못하고 있다는 사실을 발견하게 되었어요.

하지만 프레드와 함께 있으면 정말 재미있어요. 그와 함께 있을 때면 나는 완전히 나 자신이 되죠. 나는 메리 라이트이고, 직업은 교사, 그리고 프레드 클라이너의 부인이에요. 나는 이제 프레드 없이도 내 역할을 할 수 있고, 그이 없이도 완벽하고 만족스럽게 인생을 살아갈 수 있다는 사실을 완전하게 깨닫게 되었어요. 물론 그렇다고 해서 그렇게 살겠다는 건 아니에요. '없으면 안 된다는 절망으로'가 아니라 '내가 하기로 했으니까 선택적으로' 그이와 함께 지내겠다는 거죠.

남녀의 차이점을 이해하게 된 것은 그를 선택하는 데 도움이 되었어요. 내가 뭔가 잘못된 것 같다는 생각은 하고 싶지 않아요. 그리고 그이에게 사랑받기 위해서 나 자신을 변화시킬 필요도 없어요. 그이는 내가 지니고 있는 다른 점을 받아들이지요. 내 감정을 높이 평가해주고 언제나 나에게서 좋은 점을 찾으려고 노력해요. 이제 더 이상 그이에게 사랑받기 위해서 그이의 모든 기대를 충족시켜줘야 한다고 생각하지 않아요.

병적이고 중독증세까지 보이던 환상적 로맨스의 욕구 속에서 전남편들과 함께 지낼 때보다 스스로의 선택에 의해 프레드와 함께 지내는 것에 오히려 훨씬 낭만적인 뭔가가 있어요. 그 당시 내게는 내가 없었으니까요. 이제 내게는 프레드와 내가 있어요. 비로소 우리가 있게 된 거죠."

이해라는 기적

수가 말했다.

"선생님의 책, 『화성에서 온 남자, 금성에서 온 여자』는 내 기도에 대한 응답이었어요. 우리의 결혼생활에는 일종의 기적이 필요했어요. 이혼에 대해 아주 진지하게 생각할 정도였으니까요. 아이들을 생각하면 그렇게까지는 하고 싶지 않았지만, 그래도 이혼만이 해답이라는 생각이 떠나지 않았어요.

우리의 결혼생활에는 일종의 기적이 필요했어요.

리치와 내가 결혼한 지 24년이 되었고, 우리 사이에는 열여섯 살부터 스물두 살까지 다섯 명의 아이가 있어요. 지난 24년 동안 우리는 아이들을 착하고 책임감 있는 성인으로 키우기 위해 모든 노력을 기울였어요. 덕분에 우리의 문제는 옆으로 제쳐놓게 된 거죠. 지금 세 딸은 대학에 다니고 있고, 두 아들도 얼마 후면 고등학교를 마칠 예정입니다. 그래서인지 나는 이제 우리가 할 일을 다했다는 생각이 들었고, 그러다 보니 서로에 대해, 그리고 함께 지내는 일에 대해 더욱 많은 시간과 관심이 생기더군요.

지난 24년간 우리에게 가장 중요하고 주된 문제는 대화가 이루어지지 않는다는 거였어요. 내가 아이들의 문제에 대해 이야기하려고 할 때마다 리치는 방어하는 입장이 되어 그게 어떻게 해서 내 잘못인지 조목조목 공격하곤 했어요. 대개는 내가 아이들을 잘못 가르쳤기 때문이라는 거였죠.

그이는 내 이야기를 들을 때마다 늘 나나 그 문제를 '고정' 시키려 했죠. 우리의 대화는 대체로, 괜히 이야기를 꺼냈다고 후회하면서 내가 우는 것으로 끝나버렸어요. 그이는 성미가 급하고 고약해서 화도 잘 내고 심한 말도 서슴지 않았죠.

그러나 나와 함께 선생님의 책을 읽고 난 뒤, 그이는 날 이해해주려고 노력했고 성격도 좋아졌어요. 선생님 책에서 여자들에 관해 이야기해놓은 부분을 읽은 그이는 난생 처음으로 내가 '정상' 이라는 것을 깨닫게 되었어요. 정확하게 내 모습과 똑같았거든요.

이제 우리는 화내지 않고도 서로의 감정과 생각을 공유할 수 있게 되었답니다.

그이는 난생 처음으로 내가 '정상'이라는 것을 깨닫게 되었어요.

선생님께서는 여자가 어떤 문제에 대해서 불평을 늘어놓는 건 남자를 비난하는 게 아니라 그 문제에 대해 이야기를 나눔으로써 자신의 좌절감을 누그러뜨리려 하는 것이라고 하셨어요. 또 여자들은 자신의 문제에 대해 이야기를 하다 보면 기분이 좋아지는 반면, 남자들은 문제를 혼자서 해결하기 위해 자신의 동굴 속으로 들어간다고도 하셨어요. 이것이 바로 우리의 모습이라는 사실을 인식했을 때 우리의 관계는 회복의 길로 접어들었답니다.

책을 읽은 후 우리는 삶 속에서 일어나는 변화를 느끼며 점점 흥분되어갔어요. 내가 직장에서 집으로 돌아오면 리치는 내 옆에 앉아 오늘 하루는 어땠느냐고 묻곤 하죠. 내 말에 귀를 기울이는 것은 물론이고요. 이것이야말로 내가 원했던 그이의 모습이었어요.

또 여자들은 사소한 것도 큰 것 못지않게 중요하게 생각하며, 남자와 여자는 서로를 평가하는 기준이 다르다는 선생님의 지적은 정말 딱 맞는 말이었어요. 나는 그동안 내 자신의 점수관리에 신경이 집중되어 있었어요. 물론 당시에는 내가 그렇다는 것조차 깨닫지 못했죠. 나는 항상 리치보다 나에게 더 후한 점수를 줬어요. 점수는 공정하지 못했고, 결국 그이를 몹시 화나게 만들었던 거예요.

나는 항상 '치밀어오르는 분노'를 삭이지 못하고 열병을 앓았어요. 세상에, 어이없게도 내 마음속에 그이에 대한 분노를 엄청나게 쌓아올렸기 때문에, 그 분노가 우리 관계에 독처럼 번져갔어요. 그래서 어느 날 그이에게 이렇게 말하기까지 했지요.

'난 여전히 당신을 사랑해요. 하지만 한 인간으로는 더 이상 당신을 좋아할 수 없어요.'

내 마음속을 가득 채운 분노 때문에 더 이상 그이를 사랑할 수 없었던 거죠.

> 내 마음속을 온통 자리잡은 분노 때문에
> 더 이상 그이를 사랑할 수 없었던 거죠.

그런 일이 있은 지 몇 달 후, 캘리포니아에 사는 시동생으로부터 선생님의 책을 선물 받게 되었어요. 시동생은 선생님이 인간관계에 대해 말씀하시는 걸 듣고 선생님의 말씀을 좋아하게 되었대요. 그래서 우리는 꽁꽁 얼어붙은 북부 지역에서 선생님의 책을 받아볼 수 있었던 거죠(오늘 아침은 영하 20도였어요).

그 책을 읽고 난 다음, 나는 리치에게 아홉 페이지나 되는 '연애편지'를 써서 내 모든 감정을 종이 위에 쏟아놓았어요. 부정적인 감정을 써내려가는 동안 그 감정들이 점점 힘을 잃고 긍정적인 감정들이 솟아나는 것을 느낄 수 있었어요. 편지의 끝부분에는 '당신에게 듣고 싶은 말'이라고 적어, 내가 바라는 내 편지에 대한 리치의 반응도 썼어요. 그러자 비로소 내 마음속의 손상된 감정이 치유되기 시작했어요.

'연애 편지'를 쓰는 동안
부정적인 감정이 약해졌어요.

    리치에게 내 편지를 보여주자 그이는 사랑이 가득 담긴 사과의 편지를 보내와 손상된 나의 감정을 치유해주기 시작했어요. 이것을 통해 우리는 서로에 대해 새로운 사실들을 발견하게 되었어요. 그이와 대화를 나누는 최선의 방법이 연애편지라는 것을 알게 되었죠. 요즘도 정말 화가 나는 일이 있어서 그이에게 내 감정을 말하려고 하면 그이가 먼저 폭발하기 일쑤죠.

    그래서 나는 이제 편지로 보냅니다. 그것이 서로에게 최선의 방법이니까요. 이런 방법이 없었다면 아마도 나는 오래 전에 '치밀어오르는 분노'로 죽어버리고 말았을 거예요. 그이에게 말을 꺼내다가 생긴 울화병으로 말이에요.

    선생님의 책을 읽고 난 다음 지난 2년 동안 우리의 관계는 많이 향상되었어요. 이제 우리는 서로를 더 잘 이해합니다. 나는 선생님의 책에 담긴 진실이 우리 결혼을 구해주었다고 믿어요. 그래서 정말로 고마운 마음을 전하고 싶습니다. 이제 우리 집에서는 공정하게 점수를 주고 있어요. 우리의 결혼생활에도 커다란 변화가 생겼죠. 리치는 세탁도 하고, 가끔은 요리도 하는 등 사소한 일들을 직접 도와줍니다. 그렇다고 다툼이 전혀 없는 것은 아니지만, 거의 회복단계에 이르고 있어서 결혼에 대해 다시 희망을 갖게 되었어요."

남자와 동굴

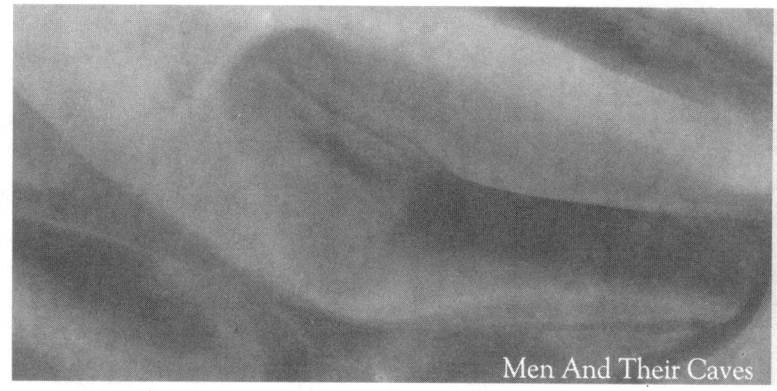

Men And Their Caves

그이가 동굴 속에 있을 때

나는 뭔가 내가 잘못했기 때문이라고 생각했어요.

 남자와 동굴
Men And Their Caves

    화성인에 대한 가장 중요한 정보가 있다면 그것은 의심할 여지없이 남자와 그들의 동굴에 대한 이해일 것이다. 남자들은 아내를 사랑하지만 가끔은 아내와 함께 지내고 싶지 않을 때가 있다는 성찰은 많은 여자들에게 매우 놀라운 일이며, 일반적으로 남자들의 이러한 천성이 아주 낯설기까지 할 것이다.

    사랑을 하게 되면 여자는 남자와 함께 시간을 보내고 모든 것을 공유하기를 기대한다. 아무리 피곤하고 스트레스를 받아도 여자는 사랑하는 남자와 자신의 하루 일과를 시시콜콜한 것까지 함께 나누고 싶어한다. 하루종일 있었던 일을 이야기하는 것은 여자에게는 하루 일과를 정리하고 그날의 부담에서 벗어나는 데 도움이 되기 때문이다. 여자들은 이를 통해 친근감이 생기고 기분이 좋아진다.

    사랑하는 사람과 이야기를 주고받고 그의 도움을 구하는 것은 인간관계를 통해 여자가 얻을 수 있는 중요한 혜택 가운데 하나다. 누군가 신경을 써주는 사람이 있어서 자신이 지금 겪고 있는 일들을 이해해준다면 정말 기분 좋은 일일 것이다. 금성인들은 남자를 사랑할수록 그와 더 많은 것을 함께 나누고 싶어한다.

사랑하는 화성인이 귀가해서 말 그대로 아무것도 보고할 게 없을 때 금성인은 좌절과 함께 실망하게 된다. 그래서 여자가 무슨 좋지 않은 일이라도 있었느냐고 물으면 남자는 대체로 '아무것도 아냐'라고 대답한다. 여자는 이해하지 못하지만 그 말은 이런 뜻이다.

'나는 지금 얘기하고 싶지 않소. 혼자 있을 시간이 필요하오. 곧 돌아오리다.'

남자가 자신의 동굴 속에 혼자 틀어박혀 있으면
여자는 거절당했다는 느낌을 받게 된다.

남자들이 화성에서 왔다는 사실을 이해하지 않으면 여자들은 개인적인 차원에서 원인을 찾게 된다. 남자가 자신과 함께 있고 싶어하지 않을 경우, 여자는 그가 자신을 사랑하지 않는다고 생각한다. 따라서 남자와 함께 살고 있거나 언젠가 함께 살아보겠다고 생각하는 여자는 반드시 남자들이 갖는 동굴 속의 시간을 이해하고 수용해야 한다.

이것은 생각보다 힘든 일이지만, 다음의 사례들을 참고하면 좀더 쉬워질 것이다.

그이는 아직도 나를 사랑해

이 점에 대해서 자넷이 말을 꺼냈다.

"한 여자친구는 화가 나면 나와 말을 하지 않아요. 금성에서 말하고 싶지 않다는 것은 서로의 관계에 문제가 있다는 가장 분명하고도 명확한 표시잖아요. 그래서 남편이 말하고 싶어하지 않을 때면 난 화가 나서 미칠 것만 같아요. 물론 그런 내 행동에 스스로도 걱정이 되곤 하죠. 어쨌든 한동안 기분이 상해 있다가도 내가 아무것도 잘못한 게 없는데 그이가 날 거부한다고 생각하면 미치겠어요.

간단히 말해서 그이가 동굴 속으로 들어가버리면 아주 힘들어져요. 나는 그이와 이야기를 하고 싶은데 그이는 나를 귀찮아하는 것 같거든요. 내가 그이에게 내 말을 안 듣고 뭐 하는 거냐고 물으면 사태는 더욱 나빠지고 우리는 말다툼을 하게 되죠.

그이가 아무 문제도 없다고 이야기했지만 난 믿지 않았어요. 나는 뭔가 마음에 들지 않을 때 말하고 싶지 않거든요. 그런데 동굴에 대해 듣고 나서 내 생각은 크게 달라졌어요. 그이가 아직도 날 사랑한다는 걸 알게 된 거죠. 그이뿐 아니라 모든 화성인들이 규칙적으로 자신의 동굴로 들어간다는 사실을 알고 나서야 비로소 그이가 날 사랑한다는 사실을 받아들이게 되었어요.

그이가 나를 더 이상 사랑하지 않는다거나 덜 사랑한다는 의미가 아니라는 사실을 알고 나니 안심이 되더군요. 이러한 깨달음이 있기 전에는 내가 그이를 사랑하는 만큼 그이는 날 사랑하지 않는다고 생각했죠. 이제 나는 그이가 동굴 밖으로 나오기를 기다렸다가 이야기를 꺼냅니다. 그이는 전보다 훨씬 더 관심을 보이는 것 같아요. 나는 마침내 화성인을 이해할 수 있게 되어서 너무나 기쁩니다."

내 잘못이 아니에요

안나도 자신의 이야기를 들려주었다.

"그이가 동굴 속에 있을 때 나는 뭔가 내가 잘못했기 때문이라고 생각했어요. 내 잘못이라는 생각 때문에 항상 죄책감에 사로잡혔고, 그럴 때마다 그이를 기쁘게 해주려고 더 노력했어요. 내가 생각해낼 수 있는 건 뭐든지 다 했어요. 집도 깨끗하게 해놓으려고 최선을 다했고, 그이가 좋아하는 음식도 만들어놓았으며, 자세히 묻지도 않았지요. 그런데도 그이가 여전히 동굴에 처박혀 있으면 너무 화가 나는 거예요.

> 그이가 동굴 속에 있을 때
> 나는 뭔가 내가 잘못했기 때문이라고 생각했어요.

시간이 지나면서 만약 내게 잘못이 있다면 그건 결혼상대자를 잘못 선택한 것뿐이라고 생각하게 되었어요. 그러다가 화성인과 결혼했을 뿐이라는 것을 알게 되니 비로소 마음이 놓이더군요. 그래서 그이가 동굴에 있을 때 그이에게 더 많은 신경을 쓰고 더 많은 일을 하는 대신 그냥 무시해버렸죠. 나는 아직도 그이가 나한테 화를 내지 않는다는 게 놀라워요. 그이는 내가 그이에게 많은 공간을 허락했을 때 더 좋아해요. 나는 더 많은 시간을 그이와 함께 있고 싶지만 그렇게 하면 그이는 분명히 화를 낼 거예요.

성숙해가면서 남자들은 동굴에서 보내는 시간이 점점 줄어들게 되고, 여자들은 의타심이 줄어들어 남자가 동굴에 있어도 별로 찾지 않는다는 사실을 알게 된 후 나는 희망을 갖게 되었어요. 그이가 동굴에 들어가 있다는 사실에 내가 신경을 쓰지 않을수록 동굴에서 보내는 그이의 시간이 줄어들게 되었으니까요."

> 그이가 동굴에 들어가 있다는 사실에 내가 신경을 쓰지 않을수록
> 동굴 안에서 보내는 시간이 줄어든다는 걸 알게 되었어요.

급성여자들에게도 동굴이 필요하다

로라는 기가 막힐 정도로 핵심을 꿰뚫어보고 있었다.

"동굴 속에서 시간을 보내고 싶어하는 사랑하는 사람의 요구를 받아들이는 법을 배우는 것은, 우리의 관계에 평화를 가져왔을 뿐만 아니라 나에게도 아주 중요한 것을 가르쳐주었어요. 그이에게 자신을 돌아볼 수 있도록 허용해준 것이 나에게도 나를 돌아볼 수 있도록 허

용해준 셈이 되었죠. 나는 이제 퇴근 후 곧바로 집안일에 뛰어들어 사랑받는 아내가 되려고 아등바등하는 대신 나를 위한 시간을 어느 정도 갖습니다. 그이가 그렇게 할 수 있다면 나도 그렇게 할 수 있다는 사실을 발견해낸 거예요.

> 그이에게 자신을 돌아볼 수 있도록 허용해준 것이
> 나에게도 나를 돌아볼 수 있도록 허용해준 셈이 되었죠.

내 동굴은 그이의 동굴과 다르겠지만, 그것은 다른 누구도 아닌 나를 위한 시간입니다. 그이가 잡지를 읽거나 텔레비전을 보는 동안 나는 산책을 하거나 정원에서 일을 합니다. 이게 바로 나만의 동굴인 셈이죠. 아이러니컬하게도 그이가 동굴에 있는 시간을 수용하는 법을 배움으로써 내가 언제나 간절히 원했으면서도 한 번도 해본 적이 없는 무언가에 몰두하기 시작한 거예요.

하지만 난 여전히 금성인입니다. 그이가 동굴 밖으로 나오면 나는 그이와 대화를 하고 싶어하죠. 이제 그이는 내 말에 귀를 기울입니다."

공간이 더 필요해요

캐럴은 이에 대해 다른 관점을 가지고 있었다.

"동굴 속으로 웅크리고 들어가는 거 말이죠, 그거 웃겨요. 그게 필요한 사람은 잭보다 바로 나예요. 그이와 결혼해 지난 몇 년 동안 나는 혼자서 아주 행복한 시간을 보냈어요. 나한테는 공간이 좀더 필요했죠. 내가 가끔씩 동굴 속으로 들어가는 것에 대해 그이는 화를 내는 것 같아요.

하지만 내가 다시 나오리라는 것을 그이에게 확신시키는 법을 나는 알고 있습니다. 그이가 나를 위해 해주는 일들에 내가 감사하는 한 그것은 정말 문제될 게 없어요. 동굴에 있기 때문에 그이나 그이의 요구 사항에 주의를 기울이지 못할 때도 그이가 나에게 해준 모든 것에 내가 변함없이 고마워한다는 것을 그이는 잘 알고 있어요."

돌아올게

제니는 그녀 부부에게 일어난 행동의 변화에 대해서 설명했다.
"선생님의 세미나에 참석한 후, 남편 패트에게는 작은 변화가 일어나기 시작했어요. 그 작은 변화는 우리 관계에 커다란 변화를 가져왔죠. 그이가 혼자 동굴에 틀어박혀 있는 시간이 내게는 무척 힘든 시간이라는 것을 그이가 깨닫게 된 거죠.

남자에게 동굴이 필요하다는 것을 알게 된 후 나는 그이가 자신의 동굴에 틀어박혀 있는 동안 신경 쓰지 않고 내 일을 합니다. 그것이 내게는 힘든 일이고 때로는 그로 인해 상처를 입기도 한다는 사실을 그이가 인식하고 있는 한은 말이죠. 내가 무시당하고 외면당했다는 느낌을 받을 때, 그이는 동굴을 변명이나 핑계거리로 삼지 않아요. 그 대신 내 말에 귀를 기울이려고 노력하면서 둘만을 위한 특별한 시간을 계획하기도 하죠.

내가 무시당하고 외면당했다는 느낌을 받을 때
그이는 동굴을 변명이나 핑계거리로 삼지 않아요.

그이는 동굴을 포기할 필요가 없어요. 그이가 내 감정에 관심을 보여주기 시작했으니까요. 그이가 관심을 갖고 있다는 것을 보여주는 또 다른 경우는 이렇게 말할 때죠.
'잠깐 밖에 좀 나갔다 올게. 잠시 후에 돌아올 거야.'
돌아올 거라는 말 한마디가 상황을 훨씬 편안하게 해주고, 또 그 말 때문에 난 그이를 사랑해요."

동굴에서 나오며

톰은 자신의 의구심을 드러냈다.
"결혼한 지 36년이 되었습니다. 그동안 나는 내게 문제가 있다고 생각했습니다. 다른 남자들에게도 동굴이 있다는 말을 들었을 때 눈물이 쏟아졌습니다.
나는 한 여자를 진정으로 사랑할 수 없나 보다고 생각했거든요.

나는 아내에게 관심도 보여주고 신경도 쓰려고 노력하는데, 언제나 한결같지는 않았습니다. 그럴 때가 있는 법이니 괜찮다거나, 그냥 동굴에 있으라고 말해주는 사람이 아무도 없었어요.

이제는 쓸쓸해지고 사랑할 수 없다는 느낌이 들 때면 하던 일을 멈추고 내가 하고 싶어하는 뭔가를 합니다. 낮잠을 잔다거나 친구와 영화를 보러 가는 경우도 있습니다. 그러다 다음날이면 마법에서 풀려난 듯 제자리로 돌아와 변함없이 아내를 사랑하고 있는 나를 보게 됩니다. 내가 동굴 속에 있을 때도 아내는 그다지 속상해하지 않습니다. 그래서 안심이 되죠.

만약 며칠 간 동굴에 있다가 돌아왔다면 나는 뭔가 특별한 일을 합니다.
꽃을 사온다거나 부엌 정리를 해주거나 하죠.

아내가 그다지 좋아하지 않으면서도 나를 이해해준다는 게 정말 고맙습니다. 동굴에서 나오면 나는 뭔가 특별한 일을 해야겠다고 생각하거나 어떤 식으로든 애정 표현을 해야겠다고 마음먹습니다. 만약 며칠 간 동굴 속에 틀어박혀 나오지 않을 때면 나는 돌아와서 아내에게 꽃을 사다주거나 부엌을 정리해줘야겠다고 다짐합니다. 별것 아닌 일이지만 그녀에게는 큰 의미가 있습니다. 그리고 그것은 내가 다시 사랑의 감정을 느끼고 있다는 것을 그녀로 하여금 느낄 수 있게 해줍니다."

동굴에서 재미있게 지내며

카일은 좀더 분명한 해결책을 가지고 있었다.

"존 그레이 박사의 워크숍에 참석하기 전까지 나는 남편의 동굴에 들어가 내가 그린 그림도 걸어놓고, 주위에 머리핀과 매니큐어 같은 것도 두고 오곤 했어요. 의식적으로 한 행동은 아니었는데 이것은 화성에서는 대단한 금기였나 봐요. 게리는 자기 동굴에서 내 물건들을 모두 치워버렸어요. 왜 자신이 사랑하는 아내의 물건들에 둘러싸여 있고 싶지 않은 걸까요? 나는 그게 몹시 궁금했어요. 사실 내가 동굴을 이해할 수 있어야 그에게 필요한 것을 주고 그이를 놔줄 수 있잖아요.

아무튼 자신만의 공간을 창조하는 것을 내가 인정한다는 걸 안 게리는 무척 신나했어요. 어느 날 집에 돌아오니 뒷마당에서 드릴 소리가 아주 시끄럽게 들려왔어요. 가서 보니 게리가 자신의 동굴로 정했던 방에 보조 열쇠를 달고 있는 게 아니겠어요? 이제 그이는 아예 문을 걸어 잠그고 들어갑니다.

> 자신만의 공간을 창조해내는 것에 아무런 장애가 없을 뿐만 아니라
> 내가 그것을 인정한다는 것을 안 게리는 무척 신나했어요.

나는 그이 방문 바깥쪽에 장식삼아 크고 못생긴 고릴라인형을 걸어놓았어요. 단추를 누를 때마다 고릴라의 빨간 눈동자에 불이 들어오

면서 입을 벌리고 으르렁거리는 소리를 내죠. 게리는 내가 아끼는 물건은 모두 내다버리면서도 고릴라는 좋아하더군요. 그이와 내가 동시에 교감을 하게 된 거죠. 우리 둘이 동굴아이디어에 재미를 첨가시키게 된 거예요. 이제 나는 그런 일을 나 자신의 문제로만 받아들이면 안 된다는 것을 알게 되었어요. 게리에게는 동굴에서의 시간이 필요해요. 그이 방문이 잠겨 있을 때면 나는 아예 근처에도 가지 않아요."

동굴을 받아들이고

로즈는 자신이 어떻게 동굴을 이해하게 되었는지 말해주었다.

"선생님의 얘기를 듣기 전에는 하는 일마다 어긋났어요. 남편이 동굴로 갈 때 나는 따라갈 수밖에 없었어요. 그래야 한다고 생각했으니까요. 그 안에 들어가서 그이와 함께 있는 것이 내가 해야 할 일이라고 생각했던 거예요. 그렇게 하지 않으면 사랑받는 아내가 될 수 없다고 생각했어요. 20년이 넘게 나는 그이의 동굴에 들어가기 위해 온갖 방법을 다 동원했어요. 안으로 들어갈 수만 있다면 다이너마이트라도 사용하겠다고 생각할 정도였으니까요. 나는 동굴을 점령하려는 공격자 같았어요.

> 안으로 들어가는 일이라면 다이너마이트라도 사용하겠다고 생각할 정도였으니까요. 나는 동굴을 점령하려는 공격자 같았어요.

하지만 막상 먼지가 걷히고 그이의 동굴 안을 들여다보니 그이는 거기에도 없었어요. 그이는 나에게서 벗어나기 위해 터널을 파느라 정신이 없더라고요.

이제 나는 그이를 그냥 동굴 안에 내버려두기로 마음먹었어요. 그이가 내게 아무 말도 하지 않아도 때가 되면 스스로 동굴에서 나온다는 것을 알게 되었거든요. 이것을 터득하는 일이 쉽지는 않았어요. 그이에게 다가가려고 가능한 모든 방법을 다 동원했지만, 상황은 더욱 나빠질 뿐이었죠. 그래서 그이가 자기 동굴로 가면 나는 쇼핑하러 나가버렸어요. 우리는 지금 전보다 훨씬 더 행복합니다. 우린 다시 사랑하는 사이가 됐어요."

날아다니는 동굴

리네트가 고백했다.

"크리스가 일 때문에 집을 비우게 될 때면 나는 늘 속이 상했어요. 거의 매주 그랬으니까요. 둘이 함께 근사하고 낭만적으로 주말을 보내고 나면, 다음날 그이는 가버리고 말죠. 그럴 때면 몹시 속이 상해요. 그이가 나보다 일을 더 좋아한다고 생각했기 때문이죠. 심지어는 그이가 집을 나서기 전부터 보고 싶어지기도 했어요. 그이가 왜 나와 더 많은 시간을 보내고 싶어하지 않는지 정말 이해할 수가 없었어요.

화성남자들에 대해, 그리고 혼자 있고 싶어하고 모험을 즐기려는 그들의 욕구에 대해서 알고 나니, 그이가 집을 떠날 때 들떠 있는 건 나와는 아무 관계가 없다는 생각을 하게 되었어요. 비행기를 타고 날아가버리는 건 그이에게는 자기 동굴로 들어가는 거였으니까요. 이제 나는 들뜬 마음으로 떠나는 그이를 봐도 내 곁을 떠나기 때문에 마음이 들떠 있는 게 아니라고 생각하게 되었죠.

그이가 며칠 동안 떠나 있을 때 이제 나는 화를 내는 대신 자신의 동굴에 있는 시간을 갖게 되어 다행이라고 생각합니다. 그래야 나와 있을 때 비로소 완벽하게 함께 있을 수 있으니까요."

기대를 바꾸자

크리스타가 설명했다.

"남자들과 그들의 동굴을 이해하면서 모든 기대가 바뀌었어요. 그이와 소원해지고 냉담한 것처럼 보여도 난 더 이상 신경질을 부리지 않아요. 일시적인 것이니까요. 그전에 보였던 모든 자동적 반응들, 예를 들면 '내 실수였어요', '내가 뭔가 잘못했군요', '당신은 날 사랑하지 않아요.', '내가 사람을 잘못 봤어요', '당신은 예전만큼 나한테 신경 써주지 않아요'와 같은 불평이 나오게 되는 상황에서 이제 나는 그냥 '관두지 뭐' 하고 말해버려요.

그이는 그저 화성인다운 행동을 하고 있다는 것을 알게 되었거든요. 나와는 아무 상관없는 일이라는 것도요. 그것은 단지 지금은 그이에게 나누어줄 사랑이 거의 없으며, 자신에 대해 더 나은 감정을 가질 필요가 있다는 의미일 뿐이지요. 나의 필요를 채워주고 나를 사랑하기 위해 그이에게는 자신만의 시간이 필요한 거예요."

꿈속의 바로 그 남자

루시가 차근차근 말했다.

"1991년 5월 30일, 나는 꿈속의 바로 그 남자를 만났어요. 그의 이름은 피터 클라크예요. 1년 후 우리는 결혼했고, 지금 나는 그이의 세 아들을 키우고 있어요. 난 아직도 그이를 사랑해요. 매일 아침 나는 나를 향해 양팔을 쭉 뻗어주는 남자의 품안에서 깨어나지요. 하루하루 소모적으로 보내는 날이 끝나면, 서로의 품에 다시 안길 수 있다는 것만으로도 행복합니다. 그이는 나의 금성인적인 요구를 이해해주고 나 역시 그이의 화성인적인 요구에 대해 알게 되었으니까요. 금성여자와 화성남자가 서로 사랑할 때 인생은 살 만한 가치가 있는 것 아니겠어요?

하지만 행복에는 어떤 노력과 기술이 필요하더군요.

피터는 나를 행복한 금성인으로 만들어주는 특별한 기술을 많이 갖고 있어요. 예를 들면 남편은 내가 하는 말을 다 들어줘요! 알아요, 아마도 내 말이 믿어지지 않을 거예요. 그건 정말 화성인답지 않으니까요! 하지만 그이는 정말로 내가 한 30분, 아니 몇 시간 동안 수다를 떨더라도 인내심을 갖고 들어줘요. 말을 하는 동안 나는 내가 가지고 있던 생각과 느낌과 세세한 것들을 되살아나게 하여 다시 움직일 수 있게 만들죠. 그이는 안절부절못한다거나 심란해하지도 않아요. 물론 내가 그이에게 부담을 주고 있다는 느낌을 갖게 하지도 않지요. 심지어는 내게 충고한다거나 내 마음속을 꿰뚫어보려고도 하지 않아요. 피터는 우리의 관계가 시작된 이래로 귀기울일 줄 아는 화성인이었고 지금도 변하지 않았어요. 그러니 어떻게 내가 그이를 사랑하지 않을 수 있겠어요?

동굴에 대해 알게 된 것은 우리 관계에 어마어마한 도움이 되었어요. 왜 어떤 때는 그렇게도 관심을 보여주다가, 또 어떤 때는 며칠 동안 위축돼 있는지 이해하는 데 도움이 되었거든요. 전에는 어떤 뜻 모를 이유에서 그이가 나를 거부하고 있다고 생각했거든요.

그이가 며칠 동안의 침체에서 벗어난 어느 날 저녁, 나는 그이의 목을 감싸안고 이렇게 물었어요.

'여보, 아직도 동굴 안에 있어요?'

'음, 그런 것 같아.'

그이가 대답했어요.

'여기 저 혼자 있으려니까 점점 외로워져요.'

내가 그이에게 말했죠.

'오, 미안해.'

그리고 그이는 잠시 머뭇거리다가 이렇게 덧붙였어요.

'그런데 당신에게 알려주고 싶은 게 있는데, 내가 동굴에 있는 동안에도 당신 사진이 저 벽에 걸려 있었다는 거야!'

그런데 당신에게 알려주고 싶은 게 있는데,
내가 동굴에 있는 동안에도 당신 사진이 저 벽에 걸려 있었다는 거야.

세상에! 금성인인 나의 심장에 크고 분명한 그이의 대답이 그대로 꽂혔어요. 동굴 속에 1주일 동안 들어가 있는다 해도 그이는 우리 관계가 가장 중요하다는 것을 알고 있을 거예요."

행동으로 보여주는 헌신

팸에게는 35년 반 동안이나 계속된 이야기가 있었다.
"행동으로 보여주는 헌신이라는 관점에서 우리 사랑 이야기를 함께 나누고 싶어요. 우리는 결혼한 지 38년 반이 됐어요. 아이들이 다섯이고 손자들도 다섯이나 두었죠. 우리의 직업은 세 번의 커다란 변화가 있었습니다. 교직에 있다가 전기를 다루는 분야의 사업체를 소유하기도 했는데, 지금은 교회 두 곳에서 목회활동을 하고 있어요. 1957년 우리가 서로 사랑하게 되어 결혼할 무렵, 남편은 대학을 4년째 다니고 있었지만 졸업까지는 2년을 더 다녀야 했어요. 그이는 석사학위와 박사과정을 마치고, 두 번째 석사학위를 받기 위해 계속 공부하고 있었어요.

그때 2년 터울로 아이를 둘 낳았어요. 여전히 우리는 정열적으로 서로를 사랑하고 있었죠. 지금 생각하면 너무 어린 나이에 결혼한 것 같아요. 스무 살과 스물두 살이었으니까요. 하지만 우리는 '헌신'이라는 낱말의 진정한 의미를 이해했고, 그로 인해 서로의 차이점들과 화해할 수 있었습니다.

> 헌신으로 인해 서로의 차이점들과 화해할 수 있었습니다.

결혼하고 몇 년이 지나서야 비로소 우리가 놀랍게도 서로 정반대의 성격이라는 사실을 알게 되었습니다. 그이가 '미스터 깔끔'이라면 나는 어지럽히는 데 일가견이 있었고, 그이는 매사에 깨끗하게 끝맺음하기를 좋아하는 반면, 나는 굳이 말로 표현하자면 항상 미완성 상태였어요. 그이는 배터리를 충전시키기 위해 혼자 있어야 하는데 나는 한 시간 이상 혼자 있는 게 질색이었어요.

물론 갈등도 있었지만 원만한 결혼생활을 위해 서로 헌신한 것이 해결책을 찾는 데 도움이 되었어요. 항상 상대방을 있는 그대로 받아들이고 허용하는 법을 다시 한 번 배우기 위해 노력했지요.

남편이 생각을 정리하려고 동굴 안으로 들어갈 때, 그이는 남자이며 그이의 뒷걸음질은 나와 상관이 없고 조만간 다시 돌아올 것임을 이해하는 것이 나에게 위안을 주었죠. 나는 그이에게 농담도 던졌어요. '동굴 안? 동굴 밖?' 하는 사인을 보내며 말이죠.

한번은 멋모르고 그이가 부르지도 않았는데 감히 동굴로 들어갔죠. 굉장한 실수였어요. 하지만 적어도 그이가 그렇게 난처해하는 이유는 이해할 수 있었어요.

그이는 배터리를 충전시키기 위해 혼자 있어야 한다는 사실을 점차 받아들이게 되었습니다.

워런이 자기 자신으로 남아 있도록 받아들이고 허용해야 함을 알게 되는 것이 바로 성장과정이었습니다. 차이점 자체는 결코 잘못된 게 아니에요. 그 차이점이 생기를 불어넣어주니까요. 혼자 있으려는 워런의 요구는 우리 관계에 그이가 헌신하지 않으려 한다는 뜻은 아닙니다. 서로에 대한 우리의 사랑은 점점 자라고 꽃피우고 성숙해져 갔으니까요.

우리는 배움을 향한 도전, 세 번의 직업전환, 다섯 명의 자녀와 남녀간의 차이, 우리 두 사람의 성격과 기질 차이, 그리고 나이 드신 부모님 등의 문제를 잘 헤쳐나왔어요. 하지만 서로에 대한 지속적인 헌신과 사랑, 그리고 그것의 실현을 위해 말과 행동에 상당한 신경을 기울였죠. 결혼을 원만하게 꾸려나가기 위해서는 사랑 이상의 것이 필요했습니다. 헌신도 있어야 했고 교육, 대화의 기술, 통찰력 같은 도구도 있어야 했습니다. 우리는 사랑과 헌신을 쏟아부었습니다. 그리고 존 그레이 선생님이 교육, 대화의 기술, 통찰력 같은 필요한 도구들을 제공해주었습니다."

그이는 전화하지 않아요

조시는 둘 사이에 발생하는 문제의 해결방법을 알고 있었다.

"해럴드는 일단 출근하면 거의 전화하지 않아요. 그이가 나와 통화하고 싶어하지 않는다는 게 믿어지지 않았어요. 어떨 땐 너무 속이 상해 그이가 집에 오면 일부러 피하면서 쳐다보지도 않았지요. 그런 식으로 무시당하고 난 뒤에 도저히 마음을 열 수가 없었던 거예요.

이런 내 행동은 그이를 더욱 혼란스럽게 했어요. 한번은 그이가 이렇게 말하더군요.

'당신은 내가 그렇게 보고 싶다면서 집에 오면 왜 거부하는 거야. 날 보게 된 게 기쁠 것 같은데 말이야.'

하지만 그이의 '논리적인' 주장도 나를 설득시킬 수는 없었어요.

선생님의 세미나에 참석한 뒤 이 문제를 다른 시각에서 볼 수 있게 되었어요. 전에는 나에게 어떤 문제가 있는 것으로 받아들이려고 했다면, 지금은 그이가 나와 이야기하고 싶지 않아서가 아니라 자기 일에 열중하고 있기 때문이라는 것을 알게 되었으니까요. 그이는 전화는 하지 않아도 집으로 돌아온 뒤에는 진심으로 나와 함께 있으려고 합니다.

나는 그이에게 전화하지 않아도 상관은 없지만 전화를 해주면 정말 고마울 거라고 말했죠. 요즘은 가끔 전화할 때도 있어요. 물론 안 할 때가 더 많지만요. 하지만 그건 더 이상 나에게 문제가 되지 않아요. 그리고 그이의 전화를 당연한 것으로 받아들이지도 않아요. 내가 얼마나 고마워하는지 그이에게 반드시 알려주죠."

분노를 억제하라

캐럴린은 남편과의 대화가 향상되기까지를 설명해주었다.
"나는 스물아홉 살이고 현재 공부하는 학생이에요. 남편 프랭크는 서른여섯 살이죠. 박사님의 테이프를 들은 후, 우리의 대화방식이 바뀌었어요. 1994년 1월이 생각나요. 우리가 함께 산 지 10년이 되었을 때거든요.
10년 동안 프랭크와 나는 정말 서로 사랑했어요. 하지만 우리에게는 심각한 문제가 있었죠. 그이는 성미가 아주 급하고 화를 잘 내는 사람이었어요. 나는 아주 비판적이고 요구도 많았지요. 1994년 1월, 우리는 굉장히 크게 싸웠어요. 아주 저속하고 맹렬하게요. 그리고 잠깐 동안 떨어져 있기로 했죠. 서로 사랑은 하지만 대화를 나누고 이해하는 데 문제가 있다는 것을 알았기 때문이에요. 프랭크는 '분노를 조절하는 프로그램'에 참여했고, 나는 정신과를 찾아갔어요.
8개월 후, 우리는 우리 관계에 이상이 사라졌다고 얘기하며 좋아했어요. 프랭크는 분노를 억제할 수 있는 여러 가지 방법들, 예를 들면 시간조절을 통한 방법이라든가 신체적 리듬의 조절을 통한 완화방법 등을 다룰 수 있게 되었어요. 나 역시 단정적으로 판단을 내린다거나 비판하는 말투가 스스로 불안정하다는 사실을 드러내는 것이라는 걸 알게 되었어요.

우리는 관계가 완벽해질 거라고 믿었어요

우리 사이에 커다란 장애물이 없어졌으므로 우리는 관계가 더욱 완벽해질 것이라고 믿었어요. 그런데 놀랍게도 우리에게는 더 큰 문제가 생겼어요. 바로 대화방식의 문제였죠. 프랭크는 계속해서 자기 동굴 속으로 들어가려 했고, 나는 화를 내며 그이를 끄집어내려 했거든요. 이런 문제들이 서로에 대한 사랑을 의심하게 만들기 시작했어요.

다행스럽게도 저의 담당의사 선생님께서 존 그레이 박사님의 테이프를 들어보라고 권유하셨어요. 프랭크와 나는 함께 앉아 테이프를 들었는데, 점점 강연 내용에 빠져들게 되었죠. 그 시간 이후 우리의 생활은 변했어요. 나는 나중에 우리가 좀더 넓은 이해심을 갖고 서로 공감하면서 이야기를 나눌 수 있도록 그이를 동굴에 머물게 해서 그이가 하고자 하는 것을 계속하게 내버려두었어요. 우린 지금도 여전히 싸워요. 하지만 말다툼을 통해 배우고 성숙해나가죠.

내가 '계속해서 언성을 높이려'하면 프랭크는 나를 화나게 하는 게 무엇인지 알아내려고 내가 이야기하려는 것임을 이해하죠. 그이는 우리가 다른 행성에서 왔다는 사실을 기억하고 있기 때문에 나를 '고정'시키려고 애쓰지 않아요. 나 역시 그이가 자기 동굴에 들어가야 할 필요가 있다는 것을 알게 되었어요. 나는 이제 이것이 그이가 날 사랑하지 않으며 나에게서 떠나고 싶어하는 의미가 아니라는 것을 알고 있습니다.

　나는 그레이 박사님의 충고에 귀를 기울였어요. 그래서 프랭크에게 이렇게 말했어요.

　'있잖아요, 나 지금 안절부절못하고 막 화가 나려고 해요. 그러니까 나 자신을 위해 뭔가 해야겠어요.'

　그러고는 쇼핑을 한다거나 친구에게 전화를 했지요. 이런 행동이 프랭크에게는 압박감을 덜어주는 결과가 되었나 봐요. 그레이 박사님이 말씀하신 대로 일상적인 대화 기술을 많이 익힐수록 남자들이 자기 동굴에 들어가는 횟수가 줄어들더군요. 그리고 동굴에 들어간다 해도 거기에서 보내는 시간이 더 짧아지는 걸 알 수 있었어요.

　우리는 아직도 심한 스트레스를 받을 때가 있어요. 하지만 감정을 다루는 솜씨가 점점 나아졌죠. 한번은 어떤 현명한 친구가 나한테 이렇게 말했죠.

　'캐럴린, 당신하고 프랭크가 이런 대화방식을 익히려면 10년은 걸릴 거야. 배우고 연습하고 완성하는 데만도 최소한 그 기간의 절반 정도는 몰두해야 할걸?'

　그러나 어쨌든 우리는 그레이 박사님 덕분에 아주 효과적이면서 진실되게 관계를 유지할 수 있는 방법을 배우게 되었어요. 전에는 훌륭한 대화를 시도하는 방법조차 몰랐으니까요. 우리가 살고 있는 행성에선 화가 났을 때 소리 지르고 때리고, 슬프다거나 속이 상한다고 얘기하면서 안절부절못하는 모습을 사랑하는 이에게 보여서는 안 된다고 배웠거든요.

그레이 박사님께 정말로 고맙다고 인사드리고 싶어요. 서로를 대하는 방법을 가르쳐주셨으니까요. 서로의 관계 속에서 올바른 대화방법을 알지 못했을 경우, 어떻게 해야 할지 알아내는 것은 그리 간단한일이 아닐 거예요. 하지만 이제 우리는 할 수 있어요. 그리고 그 외에도 박사님의 강연을 통해 많은 것을 배웠어요."

나는 일에 온통 정신이 팔려 있었어요

로스는 자신이 변화할 필요가 있었음을 시인했다.

"아내 브렌다는 내가 자기 말에 귀를 기울이지 않는다고 항상 불평했습니다. 나는 들어주려고 노력을 하기는 했는데, 이상하게도 금세 작업 중인 프로젝트에 골몰하게 되었습니다. 언제나 일에 정신이 팔려 있었던 겁니다.

선생님의 책을 읽고 나서 나만의 동굴이 없다는 것을 깨닫게 되었습니다. 집에 돌아와서도 생각은 사무실에 가 있었거든요. 나는 일의 압박감에서 나를 풀어줄 일종의 기분 전환이 필요했습니다. 나한테도 동굴에서 보내는 시간이 필요했던 겁니다.

나는 일의 압박감에서 나를 풀어줄 일종의 기분 전환이 필요했습니다.

이제 집에 돌아오면 한 20분 동안 키보드를 두들겨대거나 음악을 듣습니다. 이런 행동을 통해 휴식도 하며 쫓기던 회사 업무에서 비로소 벗어나는 거죠. 그런 다음 브렌다를 찾아가 도와줄 게 없는지 살펴보며 대화를 시작합니다. 이제는 다른 데 신경을 쓰지 않고 아내의 말에 귀를 기울일 수 있게 되었습니다. 아내도 내가 자기한테 전적으로 관심을 쏟아주는 데 고마워하며 내가 동굴에 있을 때는 간섭하지 않습니다."

건강한 친밀감

캔디스도 이해하게 되었다.

"나는 언젠가 백마 타고 나타난 왕자님과 사랑에 빠져 함께 나이 들어가면서 점점 더 가까워질 거라고 꿈꾸곤 했어요. 하지만 현실에서 만나는 남자는 아무도 내 그림에 맞지 않았어요. 내가 만난 모든 남자들이 친밀감을 두려워했거든요. 여자들은 점점 더 가까워지고 싶어하는데 남자들은 멀어져가려고만 했어요. 이 세상에서 정신과 치료가 필요하지 않은 남자를 언제쯤이면 만날 수 있을까요?

나는 마음을 활짝 열고 마음과 영혼을 함께 나눌 수 있는 남자를 원했어요. 한 팀을 이루고 싶었던 거죠. 두 사람의 감정과 문제들, 필요한 것들을 공유할 수 있도록 항상 함께 하고 싶었어요. 그는 나를 의지하고 나는 그를 의지하면서 말이에요. 하지만 몇 달만 지나면 남자는 어떤 식으로든 멀리 뒷걸음치려고 했어요. 내가 이야기 좀 해보라고 하면 항상 '할말 없어' 라든가 아예 내 말을 무시하는 거예요.

　나중에 남자들이 친밀감을 두려워하지도 않고, 정신과 의사에게 치료받을 필요도 없다는 것을 알고는 무척 놀랐어요. 이들은 화성에서 왔거든요. 세상에, 그래서 그렇게 달랐다니! 이제 나는 남자친구가 뒷걸음질치려고 할 때 당황하지도 않고 그에게 질문을 한다거나 무슨 말 좀 해보라고 조르지도 않아요.

> 남자들은 친밀감을 두려워하지도 않고, 정신과 치료를 받을
> 필요도 없었어요. 단지 화성에서 왔을 뿐이죠.

　이제 내게도 근사한 관계가 생겼습니다. 대체로 내가 원했던 관계지만 어떤 때는 그냥 내버려두어야 할 때도 있어요. 그이가 스스로 동굴에서 나오리라는 것을 믿으니까요. 정말로 놀라운 것은 그이가 실제로 그렇게 한다는 거예요.

　나는 항상 남자들이 나한테서 멀리 달아나려고 하거나 달아났다고 생각했어요. 하지만 이제는 남자들과 그들의 동굴에 대한 이해를 통해 내가 어떻게 그들을 밀어냈는지 알게 되었어요. 내가 건강한 친밀감의 모델을 갖게 된 것을 고마워하고 있습니다. 혼자 있는 시간과 함께 있는 시간이 독립적이면서도 상호의존적인 사랑스런 혼합의 균형을 성취해낸 거예요."

동굴 안에서 얼마나 있어야 너무 오래 있는 것일까

샐리는 신호가 필요했다.

"나는 동굴 안에서 얼마나 오래 있어야 너무 오래 있는 것인지가 늘 궁금했어요. 시간이 지나면서 점차 따로 정해진 시간이 없다는 것을 깨닫게 되었죠. 어떤 때는 몇 주가 되기도 하고, 어떤 때는 단 몇 시간으로 끝날 때도 있었어요. 가장 당혹스러웠던 것은 그이가 언제 나올지 모른다는 것이었어요. 동굴 밖으로 나왔을 때 그이를 무시해 버리고 다시는 공간을 주고 싶지 않을 정도였으니까요.

> 가장 당혹스러웠던 것은 그이가 동굴에서
> 언제 나올지 모른다는 것이었어요.

나는 분명한 신호를 보내자는 존 그레이 선생님의 제안에 전적으로 공감해요. 이제 그이는 동굴 밖으로 나오면 나한테 알려주죠. 내게 손을 얹기도 하고, 어떤 때는 애정표현도 해요.

동굴에 오래 머물러 있을수록 내가 그이에게 더 많은 사랑을 원한다는 것을 그이도 잘 알아요. 갑자기 외면당한다는 느낌이 들면 내게 뭔가 문제가 있을 거라는 생각이 들어 힘들어지거든요. 하지만 지금은 그 시간에 나 자신에게 전념하는 법을 알게 되었어요. 그러자 그이도 압박감에서 자유로워졌을 뿐만 아니라 나 스스로도 난처해지는 감정을 줄이는 데 도움이 되었습니다.

그이가 혼자 있으려고 할 때 가까이 하려고 안달하는 마음을 버릴수록 밖으로 나오기가 더욱 쉽다는 것을 분명히 알게 되었으니까요."

부모님의 결혼을 되풀이하며

메리는 자신에게 선택권이 있음을 깨달았다.
"스티븐과 결혼하면서 부모님처럼 살지는 않겠다고 다짐했어요. 하지만 몇 년이 지난 후 돌아보니 나는 엄마가 하던 것과 똑같은 일을 반복하고 있었어요.
엄마도 다른 방법을 몰랐기 때문에 그렇게 하셨을 거예요. 아빠가 동굴로 가시면 엄마는 귀찮을 정도로 잔소리하며 투덜거리고 이것저것 따지셨어요. 그러고는 자신을 무시한다고 비난하셨죠. 엄마는 자신이 얼마나 불행한지 모른다고 아빠를 비난하다가 점차 스스로 후퇴하더니 말수가 적어지셨어요.

> 아빠가 동굴로 가시면 엄마는 귀찮을 정도로 잔소리하며 투덜거리고 이것저것 따지셨어요. 그러고는 자신을 무시한다고 비난하셨죠.

문제가 생기면 대화로 풀어가겠다고 혼자 굳은 다짐을 했어요. 하지만 나 역시 동굴에 대해 이해하지 못하고 있었어요. 그래서 스티븐이 뒷걸음질치면 나는 그에게 이야기를 시키려고 애썼죠. 그러다가 점점 귀찮을 정도로 잔소리를 퍼붓고 불평하고 꼬치꼬치 따지게 되었어요. 우리 엄마처럼 말이에요.

나는 그이가 비협조적이라고 생각하여 점점 그이를 탓하기 시작했죠. 내가 우리 아빠와 결혼해서 우리 엄마가 되어가는 게 아닌가 하는 생각이 들 정도로 말이에요.

선생님의 세미나를 들은 후 나는 그이가 우리 아빠가 아니라 단지 두 사람이 서로 비슷한 점이 많다는 것을, 즉 그들은 모두 '화성에서 왔다는 것'을 알게 되었어요. 선생님의 말씀은 나에게 선택권을 주었지요. 나에게 이 선택권이 없었다면, 아마도 나는 지금까지 우리 엄마가 하셨던 행동을 되풀이하고 있을 거예요."

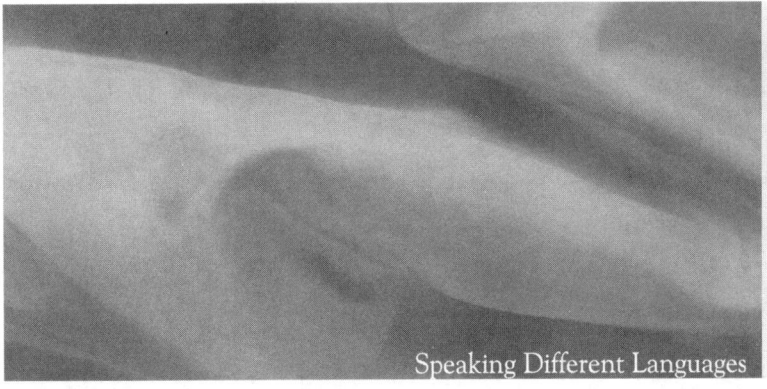

다른 언어로 말하기

Speaking Different Languages

내 이야기를 듣고 싶어하지도 않으면서

들어주겠다고 하는 남자 따위는 원하지 않았어요.

 다른 언어로 말하기
Speaking Different Languages

　내 책을 읽거나 세미나의 녹화테이프를 시청한 남자들이 대체로 하는 이야기가 있다. 여자들이 남자들과는 다른 이유로 대화를 한다는 사실을 발견한 것이 가장 유익했다는 것이다. 어떻게 보면 남자와 여자는 가끔 아주 다른 언어로 말하는 것 같기도 하다.
　여자 역시 남자처럼 언어를 사용해 의사를 표현하고 문제를 해결한다. 그러나 여자는 자신이 말하고자 하는 것을 발견하기 위한 수단으로 언어를 사용한다. 그리고 가끔은 생각을 정리하기 위해, 점차 기분이 나아지게 하려는 수단으로써 자신의 감정에 대해 이야기한다. 또 어떤 경우에는 자신의 감정을 공유하고 표현하고 싶은 욕구를 느낀다. 단순히 가까이 다가가 좀더 친해지려는 수단으로 말이다.
　남자들은 이처럼 다양한 태도를 본능적으로 이해하지 못한다. 남자들은 의사표현의 요점을 찾는 도구로 언어를 사용하기 때문이다.

문제에 대해 이야기할 때 일반적으로 남자들은 해결책을 찾는다. 여자가 자신의 감정이나 문제에 대해 이야기할 때, 남자는 듣는 이로서의 자신의 역할은, 해결책을 제시해줌으로써 그녀의 기분을 좋게 해줘야 한다고 잘못 생각한다. 긴급상황에 처한 소방관처럼 남자는 화재현장에 도착하여 가능한 한 빨리 불을 끄려고 조바심을 낸다. 여자가 화를 내면 남자는 해결책을 제시하면서 그녀의 감정의 불을 끄고 싶어하는 것이다.

> 여자가 화를 내면 남자는 해결책을 제시하면서
> 그녀의 감정의 불을 끄고 싶어한다.

수동적인 자세를 취하지 않고 참을성 있게 귀기울여 듣는 법이 남자들이 새로 배워야 할 기술이다. 해결책을 가지고 간섭하려는 충동을 억제하며 묵묵히 듣기만 했더니 관계가 극적으로 향상되더라는 말을 남자들에게 자주 듣는다. 상대방이 훨씬 행복해하고 고마워하더라는 것이다. 여자들의 말하고자 하는 욕구와 들어달라는 요구를 만족시켜주는 것이 두 사람 사이를 애정 있고 조화롭게 만들어가는 가장 중요한 요건임을 발견한 남자는 운이 좋은 사람이다.

남자가 여자의 말을 잘 들어줄 때 여자는 자신의 마음속에서 그를 사랑할 수 있고, 그를 있는 그대로 포용할 수 있는 공간을 계속 발견할 수 있는 것이다.

쉽게 의사 소통하기

아트가 말했다.

"나는 똑같은 문제에 대해 린지가 왜 그렇게 여러 번 말하는지 정말 이해할 수 없었습니다. 내가 할 수 있는 게 아무것도 없을 때는 특히 그랬죠. 그런데 그녀의 문제를 내가 해결해주리라 기대하지 않는다는 것을 알고는 안심이 되었습니다.

그러고 나니 의사소통이 쉬워지더군요. 나는 그저 듣고 있기만 하면 되니까요. 그녀의 문제를 해결하여 기분 좋게 해줘야 한다는 부담이 없다면 문제없지요. 그 정도는 할 수 있거든요.

> 그녀의 문제를 내가 해결해주리라 기대하지 않는다는 것을 알고는 안심이 되었습니다.

하루종일 문제를 해결하고 난 뒤 마지막으로 내가 해야 했던 것은 집으로 돌아가 내가 해결해야 하는 또 다른 문제가 무엇인지 살펴보는 일이었습니다. 아내가 문젯거리를 이야기하려고 하면 나는 쉬기 전에 해야 할 일이 더 남아 있구나, 하고 생각했죠.

하지만 지금은 그냥 들으면서 쉽니다. 아내의 기분이 좋아지려면 그녀가 자기 이야기를 내가 듣고 있다는 느낌을 받아야 한다는 것을 알고 있으니까요."

어긋난 말

레스는 대답하려는 충동을 억제하는 법을 배웠다.

"글로리아가 아이들과 하루를 보낸 이야기를 할 때 내가 대꾸하는 말마다 자꾸 어긋났습니다. 그녀는 내가 자기 말을 못 알아듣는다고, 신경 써서 듣지 않는다고, 그리고 시비를 건다고 생각했죠. 난 도대체 알 수가 없었습니다. 아내는 나와 많은 대화를 하고 싶어했지만 이야기를 나눌 때마다 절망감을 느낀 채 끝내기 일쑤였죠. 그녀는 내가 귀기울여 듣지 않는다고 불평했지만 내가 뭔가 말할 때마다 상황은 더욱 악화될 뿐이었습니다.

그래서 나는 아무 말도 하지 않기로 했습니다. 얼마 후 아내가 이야기를 꺼내려고 하기에 난 그냥 가만히 있었습니다. 정말 지루하고 따분하더군요. 그 말이 그 말 같고 주의를 기울일 만한 내용이 전혀 없었어요. 그런데 아내가 존 그레이 박사의 테이프를 들은 후 모든 게 달라지기 시작했습니다.

> 아내는 내게 자기 감정에 대해서 한 이야기를 들어주어 고맙다고 하면서,
> 나는 정말 아무 말도 할 필요가 없었다고 하더군요.

아내가 하는 말이 자기 감정을 알아줘서 정말 고맙다는 겁니다. 그리고 그냥 듣고 있는 게 힘들었을 거라는 것도 이해하더군요. 내가 해결책을 제시하는 것을 자기가 원하지 않기 때문에 특히 그랬을 거

라고요. 아내는 계속해서 내가 아무 말도 하지 않고 그냥 듣고만 있는 게 아주 도움이 된다고 알려주었습니다.

이제 나는 아무 말도 하지 않습니다. 내가 도움이 된다는 사실을 알게 된 것이 큰 변화를 가져왔지요.

'들어줘서 고마워요. 정말 도움이 됐어요' 라는 말이 정말 마음에 듭니다. 그냥 듣는 것만으로도 그녀에게 필요한 것을 내가 주고 있다는 게 현재의 변화지요. 나는 서서히 아내에게 가까이 가며 그녀의 삶을 좀더 잘 인식하고 관심을 갖기 시작했습니다. 그녀의 문제를 해결해줘야 한다는 부담을 가질 필요도 없고, 또한 그냥 귀기울여주는 것만으로도 그녀를 더 기분 좋게 할 수 있다는 사실을 알게 되었습니다."

관계를 위한 청사진

대니는 아내와 왜 그렇게 다투었는지 알게 되었다.

"아내와 결혼한 지 14년이 되었습니다. 우린 서로 사랑하지만 항상 싸우곤 했습니다. 내 생각에는 마샤가 좀 부정적인 것 같았습니다. 몇 년간 상담을 받은 후 우리는 상담도 포기하고 헤어졌습니다.

그때 박사님의 세미나 녹화테이프를 보게 되었습니다. 여자들은 자신의 감정과 문제점들에 대해 이야기할 수 있어야 행복감을 느낄 수 있고, 더 큰 사랑으로 다가설 수 있다는 말을 들은 나는 문자 그대로 홈런을 맞은 투수의 심정이었습니다.

> 아내는 단지 자신의 감정을 말한 것뿐인데
> 나는 부정적인 반응을 보였던 겁니다.

나는 언제나 그녀가 나를 비난하려고 말도 되지 않는 시비를 건다고 생각했습니다. 화내는 아내를 보면서 그녀는 내가 하는 일은 무엇이든 달가워하지 않는다고 생각했습니다. 하지만 이야기하려는 금성인의 욕구에 대해 알고 나니 홀가분한 마음으로 이 문제를 받아들일 수 있었습니다. 비로소 나 자신이 부정적인 사람이었다는 사실을 깨달았습니다. 아내는 단지 자신의 감정을 함께 하려고 했던 것인데 나는 부정적인 반응을 보였던 것입니다. 그 때문에 서로에게 화를 내며 악순환을 거듭했던 것입니다.

나는 아내에게 새로 알게 된 것에 대해 이야기해주었습니다. 그녀는 내 이야기에 관심을 보였고, 우리는 같이 저녁을 먹으러 나갔습니다. 정말 근사한 시간이었습니다. 어느덧 우리는 서로 생각을 같이하게 되었습니다. 그리고 서로에게 도움을 줄 수 있는 긍정적인 방법과 감정을 표현하는 대화방식을 터득했습니다. 전에도 우리는 서로 사랑했지만 긍정적인 방식으로 대화를 나누진 못했습니다. 실제로 나는 그녀의 말에 귀를 기울이지 않았거든요.

지금 나는 박사님의 강연 내용을 우리 관계개선을 위한 청사진으로 이용하고 있습니다. 계획 없이 집을 짓는 건 불가능하니까요. 전에는 무엇을 해야 할지 몰랐기 때문에 포기했던 것 같습니다. 하지만 이제 우리 관계를 정립할 수 있는 계획을 가지고 있습니다. 내 인생에서 가장 소중한 것을 되찾게 도와주신 박사님께 정말 감사드립니다."

금성의 관습을 배워라

마르다는 상대방 이야기에 귀기울이는 것에 대한 조언을 해주었다.
"잘 들어준다는 것 자체가 남자들에게는 쉽지 않은 일이라는 사실을 알게 되면서 귀기울이려고 노력하는 로저에게 고마움을 느끼게 되었어요. 그이가 내 말에 귀기울이지 않는다고 불평하는 대신, 이제 나는 그이가 해결책을 줄 때는 신경 쓰지 않는 게 아니라 내게 필요한 것을 잠시 잊고 있다고 생각하게 되었습니다.

화성 출신인 그이는 아직도 금성의 관습을 배우고 있는 중입니다. 오랫동안 쌓여온 습관을 바꾸려면 많은 시간이 필요한 법이죠. 그이를 힘들게 하는 대신 나는 미소를 지으며 이렇게 말합니다.

'나는 지금 진짜 금성인이 되어야겠어요. 당신은 아무 말 하지 않아도 돼요.'

그이는 이렇게 말하더군요.

'어이쿠!'

그게 다죠. 나는 계속 이야기하고 그이는 가만히 앉아서 들어주기만 해요."

그이가 너무 심했다며 사과했어요

마거릿이 말했다.

"즐거웠던 일들에 대해 내가 이야기하려고 하면 그이는 '그래서 요지가 뭐야?'라고 묻거나 '또 시작이군!' 하고 말하곤 했어요. 그 말에 나는 입을 다물어버리게 되고, 그러면 얼마간 정나미가 떨어져요.

그런데 그이가 박사님 책을 읽고 나더니 자기가 너무 심했다고 사과하면서, 자기도 이제 이야기를 들어주고 싶고 내 말을 끊지 않겠다고 하더군요. 야호! 모든 게 변했어요. 이제 나는 그이와 함께 시간을 보낼 일을 간절히 기다려요. 나는 그이를 사랑할 뿐만 아니라 그이가 정말 마음에 들어요."

입에 발린 말은 정말 싫어요

제시카가 자신의 이야기를 시작했다.

"존 그레이 박사님의 강연을 처음 들었을 때 솔직히 마음에 들지 않았어요. 내 이야기를 듣고 싶어하지 않으면서 들어주겠다고 하는 남자 따위는 원하지 않았거든요. 나는 내 말을 진정으로 듣고 싶어하는 남자를 원했던 거예요. 입에 발린 말은 정말 싫었다고요. 나는 나에게 정말로 관심을 갖고 신경을 써주는 남자를 원했어요. 남자가 별로 내켜 하지 않는 게 뻔히 느껴지는데도 내 말을 들어달라고 부탁하는 건 비굴해지는 것 같아 싫었어요. 그이가 이따금씩 고개를 끄덕이며 기계적으로 '으흠…… 으흠…… 으흠…… 그래, 그래' 하는 것은 내가 생각했던 관계가 아니었으니까요. 하지만 한번 해봤더니 정말 놀랍더군요. 한결 기분이 좋아지더라고요.

내 이야기를 듣고 싶어하지 않으면서
들어주겠다고 하는 남자 따위는 원하지 않았어요.

우선 중간에 간섭받지 않고 이야기할 수 있는 게 좋았어요. 전에는 그런 일이 전혀 없었거든요. 내 이야기가 끊기는 법도 없고, 그이가 듣고 싶어하지 않는다고 생각되지도 않더군요. 그이가 날 도와주려고 기꺼이 귀기울여주는 것이라는 걸 알고 있으니까요. 진정으로 듣고 싶어하는 건 아닐지 몰라도 진정으로 날 도와주려고 하는 것이고, 그것을 통해 그이가 날 사랑하는 걸 느낄 수 있어요."

문제는 아내에게 있어요

스티브는 자신이 터득하게 된 과정에 대해 털어놓았다.
"아내와 함께 있을 때마다 항상 문제가 생겼습니다. 나와는 도무지 대화가 안 된다는 겁니다. 난 괜찮은데 말이에요. 우리에게는 토끼 같은 자식이 둘이나 있었습니다. 부모가 서로 거부하면서 화내는 것을 보는 아이들의 마음이 얼마나 아팠겠어요.

　나한테는 문제가 없었습니다. 그러나 아내는 그렇지 않았습니다. 무엇보다 말하지 않으려는 장본인이 바로 아내였으니까요. 난 직업이 변호사입니다. 상담에는 전문가죠. 나는 내 감정을 한쪽에 접어두고 이성적으로 말하려고 했습니다. 문제는 아내에게 있었어요.

　그러다가 아내가 나와 이야기하고 싶어하지 않는다면 나 역시 문제의 일부분이나마 책임이 있다는 것을 깨닫게 되었습니다. 그리고 내가 법정 심문기술을 이용해 대화를 나눌 때마다 아내를 재판대 위에 올려놓았다는 것을 알게 되었습니다.

　그녀가 자신의 감정을 알아주었으면 할 때마다 나는 중간에 끼어들어 그녀를 바로잡아주려고 했습니다. 그녀가 화가 난 이유를 설명해주려고 노력했고요.

　아내의 감정에는 신경 쓰지 않고 서로 상반된 사례들을 일반화시키고 있다는 오류를 계속 지적하면서 말입니다.

> 나는 대화를 나눌 때마다
> 아내를 재판대 위에 올려놓았던 겁니다.

　박사님의 책을 읽고 난 후, 나는 아내에게 편지를 써서 그동안 내 생각이 짧았다고 사과했습니다. 앞으로는 김빠지게 만드는 충고를 하지 않겠으며, 아내를 존중하며 열심히 듣도록 노력하겠다고 말했습니다. 이 한마디와 깨달음이 우리 사이의 모든 것을 변화시켰습니다.

이제 법정기술은 사무실에서만 사용하고, 아내와 함께 있을 때는 잠자코 귀기울이며 아내의 관점이 지닌 타당성을 이해하려고 노력합니다. 내가 동의할 수 없는 내용이라도 말이죠.

이제 우리는 대화가 가능할 뿐만 아니라 친구이기도 합니다. 우리 아이들은 부모가 서로 사랑하고 존중해주는 모습을 보게 되었죠. 이거야말로 특별한 메시지가 담긴 선물이 아니고 뭐겠습니까?"

고정관념에 빠져 있을 필요가 없어요

에리카가 말했다.

"뭔가에 대해 말할 때마다 끝에 가서는 언제나 말하는 방식에 대해 우리가 싸우고 있는 걸 알게 되었어요. 그이는 내가 그렇게 우울한 건 전적으로 나한테 문제가 있어서라고 했죠. 생활 속에서 좋은 일이 생길 때마다 감사하면 속상할 일도 없다는 겁니다. 그렇게 하면 심각한 일도 일어나지 않는다나요.

난 그이의 말에 당신이 이해하지 못하는 면이 있고, 당신은 내게 신경을 쓰지 않으며, 모두가 내 탓만은 아니라고 말했죠.

그리고 그런 식으로 나를 본다면 더 이상 당신과 대화할 수 없다고 말했어요. 난 그이가 우리 문제에 대한 책임을 나와 공유하고, 내 말에도 타당성이 있다는 걸 알아주었으면 한 거예요.

의견이 일치하지 않아도 괜찮아요.
난 그저 당신이 내 관점에서 듣고 이해해주기를 바랄 뿐이에요.

남자들은 자동적으로 문제가 해결되기를 기대한다는 사실을 인정하면서 접근방식을 바꿀 수 있다더군요. 그래서 말다툼이 시작되려고 했을 때 나는 마음을 가라앉히고 이렇게 말했어요.

'내 말에 전적으로 수긍할 필요는 없어요. 나는 그냥 당신이 내 관점에서 듣고 이해해주기를 바랄 뿐이에요. 지금 당장 이 문제를 해결해야 할 필요는 없으니까요. 당신이 내 말에 귀기울여준다면 나도 당신이 하는 말을 들어줄 수 있어요. 그렇게 되면 내 기분이 훨씬 좋아질 거예요.'

그러자 그이가 갑자기 침착해지더니 잠자코 듣고만 있는 거예요. 우린 이제 싸우지 않아요. 그이는 점차 나아졌고, 나 역시 간섭받거나 지적받거나 고정관념에 빠지지 않고 내 감정을 함께 나누며 표현할 권리를 얻게 되었어요."

당신은 이해하지 못해요

폴이 자신의 경험을 털어놓았다.

"아내는 항상 불만투성이였습니다. 말끝마다 '당신은 이해 못해요!' 하면서 말입니다. 지금도 가끔씩 그런 말을 하지만 이젠 더 이상 아내의 말다툼에 말려들지 않습니다. 박사님의 세미나에 참석하기 전에는 아내가 그런 말을 할 때면 나 역시 언성을 높여 그렇지 않다고 고집을 부렸습니다. 심지어 아내가 왜 기분이 상했는지에 대해 아내보다 내가 더 잘 안다고 말하기도 했지요. 하지만 그 말은 전혀 통하지 않았습니다.

그런데 간단한 변화 하나로 딴 세상이 되어버렸습니다. 이해하지 못한다는 아내의 말은 하고 싶은 말이 더 있다는 뜻임을 깨닫게 된 것입니다. 나는 '좋아, 당신이 옳아. 난 이해하지 못하겠어. 좀더 이야기해봐'라고 말하는 법을 배우게 되었고, 이런 변화 하나가 우리 부부 사이의 갈등과 충돌을 모두 해소시켜주었습니다.

> '좋아, 당신이 옳아. 난 이해하지 못하겠어. 좀더 이야기해봐' 라고
> 말하는 법을 배우게 된 것입니다.

아내는 간섭을 받지 않고 계속해서 이야기할 수 있는 기회를 갖게 되자 나에 대한 애정이 더욱 깊어진다는 것을 알게 되었습니다. 내가 생각했던 것보다 시간이 약간 더 걸리기는 했지만, 아내는 자신이 이해받고 있다는 느낌을 갖게 되었습니다.

솔직히 말해서 아내를 이해하지 못한다는 것을 스스로 인정하는 건 무척 힘이 들었습니다. 특히 내가 그녀를 이해한다는 확신이 설 때는 더욱 그랬지요. 하지만 결국 나는 아내가 이해받지 못한다고 느낀다면 그것은 아내가 원하는 방식으로 내가 이해하지 못하고 있는 것

이라는 사실을 알게 되었습니다. 오히려 내가 이해하지 못한다고 말해주는 것이 진정으로 아내가 원하는 대로 이해해주는 것이었습니다.

　이해하지 못하면서도 아내에게 옳다고 말하는 것은 결과적으로 아내가 이해받고 있지 못한다고 생각하는 것을 인정하는 셈이 되었습니다. 이렇게 후원을 해주니 아내는 자신이 생각하는 것을 나와 나누게 되었습니다. 내가 이해할 수 없다고 인정한 것이 실제로는 이해하고 있다는 것을 아내가 느끼는 데 도움이 된 것입니다."

분노를 포기하면 원하는 것을 얻을 수 있다

　제리가 자신의 이야기를 털어놓았다.
　"얼마 전 아내가 내 직장에서 생긴 문제에 대해 아주 많은 걱정을 했습니다. 평소에는 내게 충고나 의심하지 말라고, 내 영역을 침범하지 말라고 막 화를 냈죠. 하지만 그때는 화를 내는 대신 재빨리 그 상황에서 벗어나 아내의 충고와 걱정을 감정적으로 받아들이지 않으려고 노력했습니다.

> 화를 내는 대신 아내의 충고와 걱정을
> 감정적으로 받아들이지 않으려고 노력했습니다.

　나는 아내가 이야기하게 내버려두고 화를 내지 않았습니다. 금성

출신인 아내의 방식은 걱정하고 있는 것에 대해 말하는 것임을 알게 되었으니까요. 아내가 원하는 것을 주고 난 다음, 나는 아내에게 내가 원하는 것을 부탁했습니다.

'당신이 걱정하고 있는 거 잘 알아. 그것에 대해 이야기를 하는 것은 중요하지. 그런데 내가 당신한테 듣고 싶은 건 내가 일을 잘 처리하리라는 것을 당신이 믿고 있으며, 그 일을 처리하기 위해 내가 여기 있다는 게 기쁘다고 말해주는 거야.'

내가 들어준다고 생각하니 아내는 내가 원하는 도움을 줄 수 있었던 모양입니다. 아내는 아주 기꺼이 날 믿고 있으며, 우리가 함께 지낼 수 있는 게 무척 감사하다고 말했습니다. 나는 빙그레 웃으며 그녀를 안아주었습니다. 그러자 한결 기분이 좋아졌습니다. 아내의 걱정과 감정에 두들겨맞은 느낌 대신에 말이죠."

경고신호

샘은 자신이 관찰한 것에 대해서 말해주었다.

"티나가 다정하게 행동하면서도 말을 별로 하지 않는다면 그건 경고신호라는 것을 알게 되었습니다. 그것은 그녀의 안에서 뭔가가 반응하고 있으며, 내가 이야기를 시키지 않으면 점점 더 악화될 거라는 의미였습니다. 그래서 그녀가 거리를 두는 것처럼 보이면 모르는 척하지 않고 그녀에게 주의를 기울였습니다. 그러면 대개 내가 소홀히 한 무엇인가가 있더군요. 그것은 그녀 안에서 점점 쌓이고 쌓여 그녀에게서 사랑하는 마음을 빼앗았습니다.

> 그녀가 거리를 두는 것처럼 보이면
> 모르는 척하지 않고 그녀에게 주의를 기울입니다.

아내가 화났다는 사실을 내가 알아차리지 못하면 그녀는 내가 무신경하다고 생각합니다. 자신의 감정을 표현하기 위해 마지못해 대화를 꺼내야 한다면 그녀는 더욱더 화가 나 사태를 해결하는 데 더 많은 시간이 걸리게 됩니다. 그러나 바로 알아차려서 그녀에게 무슨 일이 있느냐고 물어주면 속에 쌓이고 쌓였던 감정이 무엇이든 술술 풀리게 됩니다."

낚시

하비는 아내의 요구에 대한 화제를 꺼냈다.
"레베카는 가장 이야기하고 싶을 때 아예 이야기하고 싶지 않은 것처럼 행동합니다. 그때는 내가 이야기를 꺼내도 별로 할 이야기가 없다며 대화를 중단해버리죠.
'무슨 문제 있어?' 하고 내가 말을 걸면 아내는 아무것도 아니라고 말합니다. 그러면 나는 이제 텔레비전을 봐도 되겠구나, 생각하고 자리를 피하곤 했습니다. 아주 큰 실수였죠.
 이제는 아내의 말을 있는 그대로 받아들이지 않습니다. 아내가 별로 할말이 없다고 말하면, 할 이야기가 있는데 내가 먼저 물어봐줘서 차츰 이야기를 하게끔 끌어내달라는 것으로 받아들이죠.

 이제는 자리를 피하는 대신 낚시를 합니다.
 찌가 움직일 때마다 계속 질문을 하는 겁니다.

 아내는 할말이 없다고 하면서도 자신이 할말이 있다는 것을 내가 눈치채기를 바랍니다. 자신에게 무슨 일이 있었는지 내가 관심을 가져주기를 바라는 것입니다. 자신이 화가 난 이유를 내가 먼저 알아차렸으면 하는 것이지요. 아내는 자신의 일상에서 무슨 일이 있었는지 드러날 질문을 내가 해주었으면 합니다. 그것은 낚시처럼 인내심이 필요한 일입니다. 내가 점차 핵심을 찌르게 되면 아내는 마음을 열기 시작합니다.
 전에 나는 할말이 있으면 먼저 말을 꺼내면 되지, 하고 생각했습니다. 그게 내 방식이었습니다. 하지만 이제 나는 금성인들은 누군가가 그들에게 신경을 쓰고 지켜봐주고 있는 것을 큰 위안으로 삼고 있음을 이해하게 되었습니다. 그리고 내가 그 누군가가 된다는 건 퍽 마음에 드는 일이기도 합니다."

당신을 사랑하기 때문에 듣고 있는 거야

웬디가 말했다.

"내가 제럴드를 사랑하는 이유는 그이가 내 말을 기꺼이 들어준다는 거예요. 문제가 있을 때 우리는 그것에 대해 이야기합니다. 그냥 무시하고 텔레비전을 보는 게 훨씬 편하고 쉽겠지만, 그이는 흔쾌히 앉아서 들어줍니다. 가끔은 내가 해야겠다 싶은 말이 아주 근사한 말이 아닐 수도 있고, 요지에서 벗어난 말일 수도 있는데 말이에요. 물론 항상 맞장구를 쳐주는 것은 아니고, 편하게 해주는 것도 아니지만 어쨌든 들어줘요."

제럴드가 응답했다.

"그건 이 사람 말이 맞습니다. 그녀의 감정을 들어준다는 게 힘든 면도 있습니다. 내 마음 한쪽에서는 달아나고 싶어하는 게 사실입니다. 하지만 끝까지 들어주려고 노력합니다. 그것이 그녀에게 얼마나 중요한지 알게 되었기 때문입니다. 아내가 하는 말이 꼭 좋은 것만은 아니지만 아내를 사랑하기 때문에 들어줍니다. 아내가 나에게 이런 도움을 필요로 한다는 것을 알고 있으니까요."

> 내 마음 한쪽에서는 달아나고 싶어합니다.
> 하지만 끝까지 들어주려고 노력합니다.
> 그것이 아내에게 얼마나 중요한지 알게 되었기 때문입니다.

아내에게 이렇게 말하기도 합니다.

'이건 나한테 어려운 일이지만 난 기꺼이 당신의 감정을 들어주고 생각해줄 거야. 당신을 사랑하니까!'

이렇게 소리 내어 말하는 건 아내로 하여금 내가 기꺼이 들어주고 있다는 것을 느끼게 해줄 뿐만 아니라 나한테도 문제가 훨씬 쉽게 풀리게 해줍니다. 추측하건대 사랑이 곧 정답이고, 들어줌으로써 아내에게 필요한 사랑을 주고 있다는 것을 내게 다시 한 번 기억하게 해주는 것 같습니다. 나는 가장 효과적인 방법으로 아내가 내게 가장 원하는 것을 해주고 있는 셈입니다."

이야기하려고 하면 화가 울컥 치밉니다

브루스가 자신의 이야기를 시작했다.

"우리 부부는 결혼한 지 20년이 되었습니다. 두 사람 모두 두 번째 결혼이고, 각각 아이를 데리고 왔습니다. 내가 세 아이를, 아내가 한 명을 데리고 왔으니까 모두 네 명의 아이를 키우게 된 셈이죠. 우리는 결혼 초기부터 의사소통에 많은 문제가 있었습니다. 불신이 심했고, 준비가 덜 된 상태였죠. 아이들이 성장해서 모두 떠난 뒤 우리의 결혼생활은 점점 더 악화되었고, 한동안 반쯤 별거에 들어갔습니다. 사소한 일에도 이야기를 꺼내려고 하면 화가 울컥 치밀어오르는 겁니다.

박사님의 책을 천천히 읽다 보니 그레첸이 몇 년 동안 나한테 해온 말과 비슷한 이야기들이 눈에 띄더군요. 나는 아내가 무엇에 대해 말하고 있는지, 왜 그 문제가 그토록 대단한 것인지 전혀 이해하지 못했습니다. 또한 내가 아내에게 하고 싶었지만 하지 못했던 이야기도 있었고, 내가 경험한 것이면서도 긍정적인 관점으로는 보여줄 수 없었던 일들에 대한 설명도 있었습니다.

그러나 그레첸은 그렇게 큰 관심을 보이지 않았습니다. 그녀는 자기가 직접 봐야 믿겠다는 것이었습니다. 만일 당신이 변한다면 그런 생각들을 고려해보겠다는 식으로 말입니다. 나를 신뢰할 수 없다는 그녀의 반응에 반발하는 대신, 나는 아내가 그렇게 느낄 수도 있겠구나, 하고 생각했습니다. 오랫동안 무시당해온 아내의 감정이 치유되고 신뢰를 다시 구축하려면 시간이 꽤 걸릴 것이라는 점을 이해했던 것입니다. 충분히 변화할 수 있도록 보살펴주고 그녀의 이야기에 귀 기울여주는 방법을 꾸준히 배워간다면, 그녀의 반발심이 누그러질 뿐만 아니라 나 자신에게도 도움이 되리라는 것을 알게 되었습니다. 신뢰받지 못하고 반발심만 사는 가운데 한 단계, 한 단계 노력한다는 것은 쉬운 일이 아니었습니다. 그러나 점차 내 감정이 확고부동해지자 그런 감정이 오히려 좋아졌습니다.

내가 꾸준히 지속해가는 것은 그녀가 스스로
반발심을 누그러뜨리는 데 필요한 것이었습니다.

일이 잘 되지 않을 때는 그레첸에게 화를 퍼붓는 대신 박사님께서 권장한 대로 '연애편지'를 써서 감정을 쏟아부었습니다. 처음엔 아주 분통이 터지고 좀처럼 풀릴 것 같지 않던 감정도 편지를 끝마칠 때쯤이면 감정이 누그러져 어느새 다시 사랑하는 마음을 경험하게 되었습니다. 이 사랑하는 마음이 그녀의 감정을 이해하는 데 도움이 되어서 다시 한 번 더욱 잘 들어주려고 노력하게 되더군요.

우리 부부는 짧지만 의미 있고 소중한 대화의 시간을 가졌습니다. 물론 우리는 아직도 때때로 어느 정도 거리를 두고 스스로를 방어합니다. 그러나 오랜 부정적인 역사 속에서도 우리 부부에게는 희망이 있습니다. 나는 나의 삶과 삶 안에서의 가능성에 대해 더 많이 기대하게 되었습니다.

또한 우리 관계에 나타난 문제들을 좀더 분명히 볼 수 있게 되었고 어떻게 해야 할지도 알게 되었습니다. 나는 내 안에 나타난 변화를 느낄 수 있습니다. 내 안에서 나 자신에 대해, 아내에 대해, 그리고 다른 이들에 대해 더 많은 사랑을 느끼게 된 것입니다. 이제 내 인생 속으로 사람들이 들어오고 있으며, 옛친구들도 다시 돌아오고 있습니다. 아주 굉장한 인생의 새로운 차원이 열린 셈입니다.

그레첸과 나는 여전히 서로에게 화를 냅니다. 그럴 때면 전에는 이렇게 말하곤 했습니다.

'또 시작이군. 나는 당신이 내 입장을 이해하고, 인생이라는 걸 좀 알았으면 좋겠어.'

하지만 이제는 이렇게 말할 수 있게 되었습니다.

'내가 알고 싶은 게 좀더 있어. 내가 지금 화가 났지만 어떻게 처리할지 알아. 지금 나가서 연애편지를 한 통 쓰면 돼. 아니면 잠깐 산책을 하든가. 잠시 생각을 정리하면 진정될 거야.'

화가 난 상태에서 이러한 감정의 진행과정을 밟아야 하는 게 즐거운 일은 아니지만, 그러는 가운데 나와 아내에 대해 새로운 깨달음을 갖게 됩니다. 그 결과 스스로가 편안해지는 법을 배우게 되고 그레첸에 대해서도 희망을 갖게 되니까요. 우리가 왜 서로 이해하지 못하는가에 대해 긍정적인 방식으로 이해함으로써 우리는 다시 희망을 갖게 되었습니다. 정말로 불가사의한 여정이었습니다."

자기 자신에 대해 더 좋은 감정 갖기

레나타가 말했다.

"서로의 차이점을 알게 된 것은 자신에 대해 더 좋은 감정을 갖는데도 도움이 되었어요. 사우스캐롤라이나에서 휴가를 보내고 집으로 돌아오는 길에 나는 집으로 돌아가 1주일 후, 한 달 후, 석 달 후, 아니 더 이후에 해야 할 일들까지 열거하면서 소리 내어 생각했지요.

그러고는 '그래, 여섯 달 안에 치과에 다녀와야지' 하는 말로 생각을 정리했어요. 그러고 나니까 여자들이 어떻게 생각하는가에 대해 존 그레이 선생님께서 하신 말씀들이 머릿속에 떠오르더군요. 소리 내어 생각하면서 바깥으로 확대해간다고 하셨죠. 선생님께서는 있는 그대로의 내 모습으로 있는 것이 옳다고도 하셨습니다.

    나는 아들이 네 명 있는데, 그 아이들은 내가 늘 큰 소리를 내며 생각한다고 흉을 봅니다. 나에게 '어린아이같이 재잘거린다'고 비난하기도 하죠. 하지만 난 내가 금성 출신임을 알고 있기 때문에 소리내어 생각할 뿐입니다."

우리 결혼생활은 다 괜찮은데 흥분이 부족합니다

    이언은 자신과 아내가 어떻게 의사소통 방식을 향상시켰는지 설명해주었다.

    "10년 전 엘렌은 낭만적인 주말을 보내기 위해 여행을 떠나고 싶어했습니다. 나는 아내를 무척 사랑했지만 우리 생활이 섹스든 대화든 아이들 키우는 문제든 무미건조하다고 생각했습니다. 결혼생활은 괜찮았지만 흥분이 부족했습니다. 내가 보기에, 우리 관계는 향상되지 않고 머물러 있는 것 같았습니다. 항상 사랑도 있고 서로를 수용할 줄도 알았지만 질문이나 대화가 없었습니다.

    나는 남은 인생 동안에도 엘렌과 계속 결혼생활을 하게 되리라는 것을 알고 있었습니다. 하지만 일도, 아이들도, 다른 것들은 모두 잘 되고 있었지만 결혼생활은 뭔가 부족한 데가 있다는 느낌이 계속되었습니다. 감정적인 입장에서 볼 때 마음 한구석이 점점 비어가는 느낌이었습니다.

그래서 나는 엘렌을 설득해 휴가계획을 포기하고 존 그레이 박사님의 세미나에 참석하자고 했습니다. 세미나가 시작된 지 5분 만에 나는 세미나에 참석하기로 결정한 것은 참 잘한 일이라고 생각했습니다. 박사님은 자신의 부부에 대한 예를 들어가며 자신이 저질렀던 모든 실수들에 대해 솔직하게 이야기하는 것으로 세미나를 시작하더군요. 그 이야기를 듣는 동안 이제까지 내 어깨를 짓누르던 천금 같은 중압감이 벗겨지는 느낌이었습니다. 난 완전한 인간이 될 필요가 없었던 겁니다! 나는 관계를 완벽하게 하고 우리 부부의 행복을 창조해낼 책임을 질 필요가 없었습니다. 시작 부분부터 자신을 솔직하게 털어놓고 마음을 열어 보이는 박사님의 태도에 나도 자신감이 생겼습니다.

그리고 세미나가 진행되는 동안 나는 감정의 언어를 습득하게 되었습니다. 정신적인 측면이 향상된 것입니다. 내 육체적인 면은 훌륭했습니다. 체육 교사였으니까요. 하지만 내게 감정의 언어는 없었고 나는 절대로 설명이나 표현을 할 수 없을 거라는 생각이 들었습니다.

특정한 대화를 할 때마다 나는 항상 남자로서의 권위의식에 위협을 느껴왔습니다. 나는 실망이나 불행을 표현하는 것에 쉽게 상처받고 두렵기까지 했습니다. 내가 그런 감정을 느낀다는 사실을 드러낸다는 것 자체가 우리 부부관계 전체를 위험하게 할지도 모른다고 생각했기 때문입니다. 나는 모든 일에 해결책을 갖고 있어야 하고, 완벽하게 통제할 수 있어야 한다고 생각했습니다.

나는 모든 일에 해결책을 갖고 있어야 하고,
완벽하게 통제할 수 있어야 한다고 생각했습니다.

하지만 놀랍게도 박사님이 가르쳐준 의사소통 방법들로 모든 게 자연스럽게 열렸습니다. 나와 내 자아가 연결되는 느낌이었습니다. 무지막지하게 내리누르던 부담이 사라지면서 통찰력이 쏟아지기 시작했습니다.

아주 오랜만에 자유로워진 느낌이었죠. 나 자신과 아내에 대한 사랑이 다시 샘솟기 시작하는 느낌이었습니다. 동시에 표현하기 힘들 정도로 희망이 느껴졌습니다.

이 엄청난 감정의 표출은 설명하기가 힘듭니다. 나는 전에는 한 번도 표현해보지 못했던 감정을 목소리에 담게 되었습니다. 나는 엘렌에게 먼저 말할 기회를 주었습니다. 또 그녀가 느끼는 방식을 바꾸려고 집착하던 것을 그만두었고, 항상 해결책을 제시하려고 노력하던 자세도 포기했습니다. 그 대신 아내의 말에 귀를 기울였고, 그녀의 말을 듣고 나면 나의 생각과 느낌, 그리고 경험들을 털어놓았습니다. 그러니까 아내도 들어주더군요.

실질적인 의미에서 이 세미나의 효과는 우리 부부가 말다툼을 한 후에 훨씬 빨리 균형점으로 돌아올 수 있다는 것입니다. 한번 말다툼을 하면 나는 오랫동안 아무 말도 하지 않고 계속 한 가지 생각에 집착했습니다. 이제 그 시간이 기가 막히게 줄었습니다. 그레이 박사님의 말씀대로 나는 '대립'에 대한 두려움 없이 균형 잡힌 사랑의 공간으로 돌아올 수 있었습니다.

> 말다툼을 하면 나는 오랫동안 아무 말도 하지 않고
> 계속 한 가지 생각에 집착했습니다.

만약 엘렌이 내가 싫어하는 무언가를 하고 있다면 나는 그녀에게 이야기합니다. 아내의 감정을 무시한다거나 언성을 높이기보다는 화를 자제하려고 노력하면서 솔직히 털어놓습니다. 새로운 방식이 훨씬 바람직했습니다. 엘렌의 입장에서나 내 속에 있는 목소리 모두에 귀 기울인 결과니까요.

이것이 습관이 되고 나니 새로운 의사소통 기술이 실제로 확실한 효과를 나타냈습니다. 이 기술은 감정의 차원에서 나를 안내해주는 도로지도를 제공해준 셈이 되었습니다. 신체적으로나 지적 또는 직업적으로는 그렇게 할 수 있었지만, 이제 감정적인 차원에서도 통로가 생긴 셈입니다.

뿐만 아니라 모든 면에서 효과가 있었습니다. 우린 훨씬 더 가까워졌고 대화의 문도 활짝 열렸습니다. 성생활도 처음처럼 활력을 되찾았고 지금까지 지속되고 있습니다. 하지만 새로운 경청방법과 남녀 간의 차이에 대한 이해가 가져온 가장 놀라운 결과는 아이들과의 관계가 향상되었다는 것입니다.

내 자신에 대해, 그리고 남자로서, 아버지로서 내가 저질러왔던 실수에 대해 너그러워지자 아이들에게도 더 많은 인내심과 더 큰 애정을 갖고 세심한 데까지 보살펴줄 수 있게 되었습니다. 나와 아내를 감정적으로 챙길 수 있게 되었기 때문에 아이들에게도 그렇게 할 수 있게 된 것입니다. 그전에는 아이들에게 아주 독재적으로 대했습니다. 물론 그 밑바닥에는 항상 사랑이 깔려 있었지만 말입니다. 아무튼 결과적으로 우리 아이들도 자신의 감정을 훨씬 잘 표현할 줄 알게 되었습니다. 아이들은 이제 주위의 또래 친구나 어른들에 대해서도 편안해합니다. 내가 어렸을 때보다 훨씬 편안해하는 것 같더군요. 이러한 작업을 통해 아이들도 보람을 얻는 것을 보니 매우 만족스러웠습니다.

> 부모로서 나는 더 많은 인내심과 더 큰 애정을 갖고
> 세심한 데까지 보살펴줄 수 있게 되었습니다.

우리는 주기적으로 가족모임을 가집니다. 그 결과 이제는 갈등이 생기더라도 지혜롭게 해결해나갈 방법이 생겼습니다. 그레이 박사님의 듣는 기술에 근거해서 모든 식구들이 들어줄 것입니다. 누구나 어느 때든지 가족모임을 소집해 자신의 생각을 표현할 수 있습니다. 아이들도 마찬가지죠. 지금은 아이들이 가족모임을 이끌어나가고 있습니다.

우리에게는 아이들에게 줄 것이 생겼습니다. 우리의 의사소통 방법이 우리 아이들에게 줄 진정한 선물입니다. 아이들은 우리가 대화하는 모습을 보고, 때로는 언쟁을 벌이기도 하지만 곧 화해하고 문제

를 해결하기 위해 조언을 하며 서로의 말에 귀기울여주는 모습을 보게 됩니다. 우리는 서로에게 할애하는 시간이 아이들에게도 동시에 할애하고 있는 셈이라는 것을 알고 있습니다."

첫눈에 반했어요

엘렌이 자신의 의견을 이야기했다.

"20년 전부터 시작된 것이었어요. 난 겨우 스물네 살이었는데, 남편을 알게 된 지 3주 만에 결혼해야겠다고 생각했지요. 그리고 석 달 후 우린 결혼했어요.

우린 정말 아주 비슷한 데가 많았어요. 남편의 부모님들은 그이가 열네 살 때 이혼하셨고, 우리 아빠는 내가 열한 살 때 돌아가셨죠. 그렇게 우린 둘 다 편모 슬하에서 성장했어요.

처음 3년 동안 우리의 결혼생활은 너무너무 재미있었어요. 그리고 아이들도 생겼지요. 7년이 지나고 다시 한 10년쯤 되니까 둘 사이에 섹스가 시들해졌어요. 난 무척 화가 났어요. 우리는 생활의 활력을 점점 잃어갔어요. 그것에 관해 대화를 나누기는 했지만 말이에요.

> 결혼하고 10년이 지나자 둘 사이에 섹스가 시들해졌어요.
> 난 무척 화가 났어요.

이언은 존 그레이 박사님의 세미나에 참석하자고 했어요. 사실 전 두려웠어요. 우리가 잘못된 선택을 했다는 이야기를 들을까봐서죠. 내가 이언을 사랑하지 않는다거나, 이언이 날 사랑하지 않는다는 사실을 알게 될 수도 있잖아요.

하지만 우리는 완전한 카타르시스를 경험할 수 있었고, 그때 배운 방법들을 통해 지금과 같은 관계까지 이르게 되었어요. 나는 상처받는 걸 두려워하여 남자 같은 태도로 살아가고 있는 내 모습을 보게 되었어요. 항상 다른 사람들의 문제를 해결하는 데 초점을 맞추고 나 자신의 요구와 감정을 무시했으니까요. 박사님은, 여자에게 필요한 것은 대화라는 것을 알려주었어요. 대화, 그건 여자들에게는 아주 자연스러운 현상이라는 거죠.

두 번째로, 개인적으로 내게 깊이 와닿은 것인데, 그 세미나에서 내가 아버지에 대한 상실감 때문에 상당히 우울해 있다는 걸 알게 되었어요. 전에는 그런 감정을 경험한 적이 전혀 없었는데 그 감정 때문에 소리 내어 울 정도였어요. 박사님은 우는 나를 보고 강의실 앞으로 불러내 그 감정을 다른 사람들도 함께 느낄 수 있도록 이야기해보지 않겠느냐고 했어요. 이것이 남자들에게 버림받았다는 느낌을 갖게 하고, 남자들을 믿을 수 없게 만들고, 남자들에게 절대 연약하게 보여서는 안 된다는 느낌을 갖게 된 데 대한 카타르시스로 발전했어요. 박사님은 이언을 불러 내가 아버지에 대한 감정을 털어놓는 동안 날 잡아주라고 했어요. 이언을 불러내 내 모습을 지켜보게 한 것은 정말 놀라운 경험이었어요.

만일 여자들이 남자들을 신뢰하고, 남자들이 해결해주겠다는 생각 없이 그냥 귀기울여 듣는 법을 알고 있다면 우리 마음은 자동적으로 활짝 열려 더욱 가까워졌다는 느낌을 받게 될 것입니다. 그런데 이런 일이 내게 일어났고, 그 경험이 우리의 관계를 향상시켰어요. 우리의 육체적인 삶이나 친화력, 아이들과의 관계 모두 다요. 우리는 이제 중간에 아이들을 끼워놓고 서로 거리를 두지 않는답니다.

> 자기 생각만 하지도 않고 상대방을 걸고넘어지지도 않는
> 행동 방식을 갖게 되었어요.

　박사님의 세미나가 아니었더라면 지금 우리가 어떤 모습으로 있을지 상상조차 할 수 없어요. 세미나 덕분에 우리는 평생의 동반자가 되었습니다. 우리는 서로에 대한 욕구와 감정, 좋고 싫음을 표현할 수 있는 방법, 자기 생각만 하지도 않고 상대방을 걸고 넘어지지도 않는 행동 방식을 갖게 되었어요. 그리고 우리에게 사랑을 통해 서로의 이야기를 들어주고 상대방에게 무엇을 원하고 느끼는지에 대해 서로 격려하게 해주었습니다.
　어떻게 해야 상대방을 행복하게 할 수 있을까? 우린 항상 생동감 넘치는 로맨스를 유지하려고 노력합니다. 함께 즐거운 시간을 보내려고 노력하면서 좋은 관계를 유지하는 데 우선권을 두고 있죠. 아이들로부터 벗어나 로맨틱한 시간을 갖기도 하고, 또 각자의 시간을 할애해 둘만의 시간을 갖기도 하죠. 둘만의 시간을 가지면 서로에 대해 그

리웠던 마음이 되살아나 함께 나눌 게 더욱 많아집니다.

신뢰를 원하는 그의 행복을 위해서 나는 그이가 묻지 않는 한 조언이나 충고를 하지 않기로 했습니다. 그리고 그이가 하는 모든 것에 대해 가능한 한 많이 고마움을 느끼려고 노력합니다.

내 행복을 위해 이언은 무얼 하느냐고요? 그이는 내 이야기를 들어주고 사소한 일까지도 챙겨줍니다. 또 매일 아침 내게 차 한 잔을 갖다주고 아이들에게도 많은 시간을 할애하고 있어요. 하지만 무엇보다도 가장 중요한 것은 믿을 수 없을 정도로 나를 존중해준다는 거예요. 날 칭찬해주고 아이들에게도 나처럼 행동하기를 기대하죠. 그런 행동들이 우리 가족 모두를 행복하게 해줍니다."

말로 푸는 사람과 속으로 생각하는 사람

수잔의 이야기다.

"나는 마흔일곱 살이고, 결혼한 지 10년 됐어요. 남편 리치와 알게 된 지는 12년째이고, 아이는 없어요. 결혼하고 처음 몇 년 동안은 우리 사이에 대화가 충분하지 못하다고 생각했어요. 나는 말을 해서 푸는 편이었지만 리치는 속으로 생각하는 편이었거든요.

나는 그이가 마음을 열고 자기의 생각과 느낌을 나눌 수 있게 하려고 노력하고 또 노력했어요. 하지만 소용없었어요. 첫 결혼에서도 대화가 전혀 없었기 때문에 이번 결혼은 달라야 한다, 그렇지 않으면 또 실패한다고 나는 굳게 마음먹었죠.

　다른 부분도 마찬가지겠지만 우리는 우리 사이에 대해 어떻게 표현해야 할지 잘 몰랐어요. 리치는 자신이 느끼는 것을 어떻게 표현해야 하는지 몰랐고, 나는 무슨 말로 그이의 마음을 열 수 있을지 몰랐어요. 그러다 보니 나 자신에게 더욱더 화가 나고 좌절감을 느끼게 되더군요. 결국 우리의 결혼생활에서 웃음이 점점 사라져버렸습니다.

　　내가 말을 꺼내려는 순간 그이는
　　입을 딱 다물더니 경계하는 표정이 역력히 나타나더군요.

　나는 가끔 '오프라'를 봤는데, 거기에서 대화를 잘할 수 있는 방법에 대한 아이디어를 얻었죠. 그래서 리치가 퇴근하고 집에 돌아왔을 때 그 방법에 대해 설명하려고 했어요. 내가 말을 꺼내려고 하자 그이는 입을 꾹 다물더니 경계하는 표정이 역력히 나타나더군요. 그이의 경계심은 감당하기 힘들었어요. 말다툼이 일어날 뻔했죠. 그이는 그후 한두 주 정도 잘 해보려고 노력하는 것 같았어요. 하지만 곧 원위치로 돌아왔어요.

　리치의 경계심 외에도 나는 내가 이용당하고 있다는 느낌과 그이가 내게 관심조차 가져주지 않는다는 생각에 견딜 수가 없었습니다. 나는 내 인생에서 나를 이끌어줄 남자를 원했지요. 그러나 나는 집안일을 돌보고 온갖 허드렛일을 하고 갖은 걱정을 해도, 그런 내 노력에 고맙다는 말 한마디 제대로 듣지 못하는 것 같았어요. 정말이지 울화가 치밀었죠.

리치는 항상 서랍장에 깨끗한 속옷이 정리정돈돼 있어야 하고, 옷장에는 깔끔한 셔츠가 가지런히 놓여 있어야 했죠. 그런데 왜 내 옷장에는 바로 꺼내 입을 수 있게 옷이 놓여 있지 않는 걸까요? 난 내 자신이 남편과의 사랑에서 멀어지는 것을 발견했지만 어느 시점에서 돌아서야 할지 몰랐어요.

나는 점점 마음의 평온이 깨져가고 있었어요. 몇 주 간격으로 상태가 좀 심각해졌다 싶으면 내 감정을 그이에게 알리려고 시도했지만 그저 울음만 나올 뿐이었어요. 그이는 집안일을 좀더 도와주겠다고 약속했지만, 웬걸요, 한 1주일 정도 가더니 끝이었어요.

그때 선생님에 대한 이야기를 들었어요. 선생님께서 뉴욕 시에서 강연하고 계신다는 말을 들었을 때였는데, 나는 리치에게 세미나에 같이 가주겠느냐고 물었어요. 그이는 동의해주었죠. 정말 의외였어요. 아마 우리에게 최고의 사건이었을 거예요.

선생님이 강연하는 동안 그이는 선생님의 입을 통해 나오는 내 말을 듣고 있었어요. 선생님이 하는 모든 말씀에서 우리 부부의 모습을 보았던 거죠. 쓰레기통 비우기, 설거지 하기, 빨래 개기 등 선생님께서 하신 말씀은 실제로 여자들이 매우 관심을 갖고 있는 것들이었어요. 리치는 그 강연을 듣고 놀라는 눈치였어요. 나는 대부분의 남자들이 그럴 거라고 생각했어요. 우리는 집으로 돌아오면서 세미나 내용에 대해 이야기했죠. 그날 밤 이후로 우리 관계는 훨씬 좋아졌어요.

선생님이 강연하는 동안 그이는
선생님의 입을 통해 나오는 내 말을 듣고 있었어요.

이제 리치는 내가 부탁하지 않아도 쓰레기통을 치우고, 재활용품을 집 밖에 내놓고, 설거지도 하고, 빨래도 개고, 청소기도 돌리고, 공과금도 처리하죠. 모든 걸 알아서 해요. 그리고 그이가 그런 일을 할 때면 나는 고맙다는 말을 해주는 걸 잊지 않아요.

우리는 늘 대화의 문을 열어놓지만 쉬운 일은 아니에요. 대화가 항상 자연스럽게 이루어지리라고 기대할 수는 없잖아요. 그이가 내 말에 귀를 기울이기까지는, 특히 별로 내키지 않을 때는 시간이 좀 걸렸어요.

리치의 얼굴에서 어떤 생각에 잠긴 표정을 보면 내게 얘기해줄 수 있느냐고 용기를 북돋워주죠. 그러나 그이가 말하고 싶어하지 않으면 강요하지 않아요. 내 생각에는, 그이가 외부의 강요를 느끼지 않아야 무슨 일이 있는지 훨씬 더 쉽게 이야기해주는 것 같아요."

무슨 생각 중이었는지 얘기해줄 수 있느냐고 용기를 북돋워주죠.
그러나 그이가 말하고 싶어하지 않으면 강요하지 않아요.

우리는 매일 '사랑해 여보!'라고 서로에게 말해요. 집을 나설 때나 집으로 돌아오면 언제나 작별인사나 만남의 키스를 나누죠. 지금까지 그이가 항상 해온 일은 하루에 적어도 한 번은 나에게 전화하는 거예요. 그냥 내가 어떻게 지내고 있는지 궁금해서죠. 물론 언제 전화를 할 건지 항상 말해줍니다.

　며칠 전에 있었던 일이 생각나는군요. 크리스마스 때 먹을 쿠키를 굽고 있었는데, 실수로 그만 베이킹 소다를 요리책에 나온 양보다 두 배나 더 넣은 거예요. 쿠키를 구워보니 아주 짰어요. 그래서 남은 반죽을 모두 버리고 처음부터 다시 시작하려고 했는데 쿠키를 새로 구워낼 만큼 재료가 충분하지 않았어요. 그래서 서둘러 가게로 달려갔죠.

　상점에 가기 전에 리치에게 좀 도와주겠느냐고 물었어요. 그이는 내 질문에 '내일 하지 그래?' 하는 것이었어요. 당연히 내가 기대하는 대답이 아니었죠. 하지만 나는 아무 말도 하지 않고 가게로 갔어요. 10분 후 집에 돌아왔을 때 그이는 자신이 했던 말에 대해 곰곰이 다시 생각해보았던 모양이었어요. 그이는 문 앞에서 나를 기다리고 있다가 '내가 도와줄게, 뭘 해야 할지만 얘기해줘' 하는 것이었어요.

　그때 완전한 행복감을 느꼈어요. 2년 전만 해도 그이는 내가 쿠키를 두 판이나 구워낼 동안 안락의자에 앉아만 있었거든요.

　　'내가 도와줄게, 뭘 해야 할지만 얘기해줘.'

　내 경험에 의하면, 지속적인 노력이 필요합니다. 나쁜 습관을 고친다는 건 무척 힘든 일이에요. 나는 우리 두 사람이 상대방을 행복하게 하기 위해 노력하고 있다는 점이 가장 고마워요. 일부러 한 말이 아니더라도 상대방을 마음 아프게 했거나 화나게 했다면 자기 잘못을 인정하고 곧바로 사과해서 고칩니다.

　우리는 지금 어느 때보다도 행복합니다. 그리고 계속 더 나아지고 있어요."

화성남자들이 온다

The Martians Are Coming

아내와 무슨 문제가 생기고, 그게 조금 흉해 보인다고

그 존재를 아예 없애거나 수정할 필요는 없습니다.

화성남자들이 온다
The Martians Are Coming

나는 전국을 순회하며 세미나를 하면서 별거 중이거나 이혼한 부부들이 내 책을 읽고 다시 사랑하는 사이가 되어 재결합했다는 이야기를 듣고 깊은 감명을 받았다. 물론 세미나 참석자들로부터 들은 이야기이지만, 단순히 책 한 권을 읽고 그 아이디어를 적용함으로써 그런 영향이 있으리라고는 상상도 못했기 때문이다.

오늘날 이혼한 부부들이 상당히 많다는 점을 생각할 때, 화성인과 금성인이 사랑하는 사이가 되어 다시 돌아온다는 이야기는 매우 고무적이라고 할 수 있다.

상처 입은 관계를 치유하고 결혼에 대한 헌신을 견고히 하는 데는 일반적으로 여러 가지 요인들이 있게 마련인데, 이로 인해 많은 혼란이 일어날 수도 있다. 하지만 남녀간의 차이를 이해한다면 좀더 지혜롭게 처리할 수도 있을 것이다.

남자는 어떻게 사랑에 빠지는가

　남자들은 사이가 점점 가까워져 사랑에 빠진 상태에서도 뒷걸음질을 칠 때가 있다. 남자들은 고무줄 같아서 앞으로만 잡아당기면 뒤로 튕겨져나가는 경향이 강하다. 따라서 '거리를 두어야 마음이 끌리는 법'이라는 옛 속담은 남자들의 사랑에 대한 능력을 잘 묘사하고 있다. 밀고 당기는 행동 속에서 남자들은 점차 사랑을 키워나간다. 그러므로 남자들은 놓아주면 전보다 더 사랑하는 감정으로 돌아온다는 것을 여자들이 터득해야 할 것이다.

> '거리를 두어야 마음이 끌리는 법'이라는 옛 속담은
> 남자들의 사랑에 대한 능력을 잘 묘사하고 있다.

　한 관계가 아주 끝났다거나, 아니면 끝나려고 할 때 남자들은 자신이 상대방을 얼마나 사랑하는지 알아보기 위해 거리를 둘 때가 있다. 그러다가 다시 시작해야겠다는 계기를 갖게 되기도 한다. 그에게는 무엇이 잘못됐는지, 그리고 그것을 어떻게 바로잡아야 하는지에 대한 이해만이 필요하다.
　많은 남자들이 관계를 끝내고 후회하지만 뭐가 잘못됐는지 모르기 때문에 스스로 뒷걸음질을 친다. 여자를 행복하게 해줄 수 없다고 느낄 때 그녀와의 관계를 스스로 포기해버리는 경우도 있다.
　하지만 남자들이 화성에서 왔다는 근본적인 인식은, 무엇이 잘못

되었으며 이를 어떻게 바로잡아야 하는지 그가 깨닫는 것만으로도 충분하다. 이러한 인식을 통해 남자들은 관계를 풀어나가는 데 다시 헌신할 수 있는 것이다.

여자는 어떻게 사랑에 빠지는가

여자들은 자신이 원하는 후원자를 얻었을 때 사랑에 빠져든다. 그러나 의사소통이 막히게 되면 관계를 스스로 포기한다. 여자들은 파도와 같아서 한번 밀려와 부서지고 나면 다시 사랑을 일으킬 수 없게 된다. 또 대화를 하려는 시도가 거절당하면 자신이 사랑받고 있지 못하다고 생각하기 시작한다. 시간이 지날수록 자신은 모든 것을 다 주었는데도 자신에게 필요한 것을 받지 못했다고 생각한다. 그 결과 남편에게 화를 내기 시작한다. 그러다가 점차 '이제는 줄 게 하나도 남아 있지 않다'고 생각하게 되고, 필요한 것을 받을 수 없게 되었다는 무력감에 빠져 떠나게 된다.

여자가 남편에게 화를 내는 것은 자신의 행복이 남편에게 달려 있다고 생각하기 때문이다. 이별을 통해 그녀는 자신이 필요로 하는 것을 채워야 한다는 의무감에서 자유로워진다. 만일 친구나 가족을 통해 자신에게 필요한 것을 얻을 기회가 생기면 파도가 다시 일며 사랑의 감정을 다시 발견하게 된다.

건강한 방법으로 자신에게 필요한 것을 친구들로부터 얻게 된 여자는 남편이 없어도 행복할 수 있음을 발견하게 된다. 단순하게 생각하고 더욱 자신감을 갖다 보면 한결 자유로움을 느끼게 되어 용서하고 잊어줄 수 있게 된다. 그리고 자신이 부부관계 속에서 원했던 것을 얻을 수 있음을 새롭게 인식하면서 다시 한 번 마음을 활짝 열고 사랑과 신뢰를 키워가게 된다.

일반적으로 남자들이 화성에서 왔다는 근본적인 통찰을 통해 여자들은 관계가 실패하게 된 이유 가운데는 자신의 책임도 있음을 알게 되며, 동시에 자신이 믿고 있던 것보다 훨씬 더 많은 사랑을 받았음을 깨닫게 된다. 남자들에 대해 더 깊이 이해하게 되면 여자들은 더 이상 무력하다고 느끼지 않는다. 자신의 사랑을 주고 필요한 사랑과 후원을 성공적으로 얻을 수 있다는 자신감이 생기는 것이다. 이러한 건전한 책임의식과 새롭게 발견한 자신감은 결혼생활을 구해낸다.

> 단순하게 생각하다 보면 한결 자유롭게 되어
> 용서하고 잊어줄 수 있게 된다.

남자들이 화성에서 왔다는 통찰에서 얻은 생각들은 여자들이 사랑을 다시 찾는 데 충분한 격려가 된다. 대체로 여자는 연인에 대한 사랑의 심지에 다시 불이 붙어 전보다 더 강렬하게 타오르고 있음을 발견한다. 그녀는 연인이 자신을 사랑하지 않는 것이 아니라 그가 화성에서 왔기 때문에 그녀에게 필요한 도움을 주는 방법을 모른다는 사실을 깨닫게 된다. 동시에 그녀 역시 금성에서 왔으므로 남자들이 다르게 생각하고 느끼는 방식을 이해하지 못했음을 인정하게 된다.

사랑의 도전

남자가 여자에게 필요한 후원을 기꺼이 제공하고, 여자가 자신이 필요로 하는 후원을 얻을 수 있음을 깨닫게 되면서 수많은 부부들이 사랑 속에서 재결합해왔다. 이들의 이야기는 고무적이었다. 자신들의 적나라한 모습을 숨김없이 말해주었기 때문이다. 우리 안에도 그런 모습들이 있어서 이 세상에서 인생이라는 여행을 하는 진정한 목적은 사랑을 발견하고 유지하는 데 있음을 직관적으로 알게 된다.

이것이 우리의 도전이다. 이를 성취해야 인간으로서 본질적으로 선하고 위대한 모든 일을 해낼 수 있다. 이들 부부의 승리는 사랑에 다시 헌신하려는 우리의 모습을 거울처럼 비추어준다. 어떤 이야기들은 이별이나 이혼한 후 다시 재결합하는 부부들을 묘사하기도 하지만, 사랑으로 한 걸음씩 다가갈 때마다 동일한 원칙이 적용될 것이다.

그이는 대화를 싫어했고, 어느 날 그냥 떠나버렸죠

눈물을 글썽이며 아네트가 자신의 이야기를 들려주었다.

"나와 이혼한 후 남편 브루스가 선생님의 책을 읽게 되었어요. 지금 우리가 얼마나 행복한지 표현할 방법을 모르겠군요. 이제 우리에게는 딸아이도 생겼고 아주 행복해요. 여러 해 동안 우린 수없이 싸웠어요. 그이는 항공사에 근무했는데 집에 돌아오면 나와 거리를 두려고 했어요. 나는 그이와 얘기를 나누려고 애썼지만 그이는 그것을 싫어했고, 그러던 어느 날 그냥 떠나버렸어요.

이혼한 지 6개월이 지났을 때 그이가 선생님의 책을 읽게 되었어요. 그리고 내게 전화를 걸어왔어요. 그이는 그때 동굴 이야기를 먼저 한 다음 대화가 나한테 얼마나 중요했는지 깨달았다고 말하더군요. 그동안 내가 너무너무 그리웠지만 어떻게 해야 할지 몰랐다고 하면서요. 선생님의 책이 그이에게 다시 한 번 시도해볼 용기를 주었어요. 우리는 선생님의 테이프를 듣고 선생님의 책을 읽고, 또 읽었어요. 우리가 재결합할 수 있도록 도와주신 선생님께 진심으로 감사드립니다."

나는 그녀를 사랑했지만 사랑에 빠질 수는 없었습니다

톰이 말했다.

"우리는 결혼한 지 23년이 되었습니다. 난 크리스티를 사랑했지만 사랑에 빠질 수는 없었습니다. 우린 서로에게 상처를 주지 않으려고 노력했지만 함께 있는 것이 행복하지 못했습니다. 모든 게 답답할 뿐이었죠. 더 이상 함께 나눌 대화가 없었습니다. 나는 우리 사이가 원만해졌으면 하는 마음에 아내와 함께 카운슬러를 찾아가 도움을 청

해보기도 했습니다.

그러던 어느 날, 아내가 존 그레이 박사님의 세미나에 함께 가보자고 하더군요. 혹시나 우리의 결혼생활을 구원해줄 수 있는지 알아보자는 의도에서였습니다.

우리 관계는 이미 끝났다고 생각하면서도 아내의 기분이 좀 나아질까 싶어 좋다고 동의했습니다. 그런데 세미나에 참석하고 한 시간도 채 못 되어 생각이 바뀌었습니다. 나는 내 귀를 믿을 수가 없었습니다. 선생님의 말씀은 모두 지난 23년간의 우리 부부 이야기였습니다. 오랫동안 나는 사랑을 주는 남편이 되려고 노력했지만 나 자신에게 필요한 것은 주지 못했습니다.

그리고 지금까지 크리스티를 행복하게 해주지 못했음도 속으로 인정했습니다. 대다수의 남자들처럼 나 역시 아내의 문제를 해결해줘야 한다고 생각했지, 그녀에게 필요한 것은 단지 이야기를 들어주는 것이며 내가 신경 써주고 있다는 것을 재확인시켜주는 것임을 깨닫지 못했습니다. 심지어 내가 말해봤자 소용없다고 생각했기 때문에 몇 년 전부터는 아내가 하는 이야기를 아예 외면해버렸습니다.

> 내가 말한다고 해도 소용없다고 생각했기 때문에
> 몇 년 전부터는 아내가 하는 이야기를 아예 외면해버렸습니다.

몇 년 전부터 아내는 침울해지기 시작했습니다. 아내는 나를 사랑한다고 말하면서도 내가 하는 것은 뭐든지 성에 차지 않아 했습니다.

아내는 늘 대화가 없는 부부라고 불평했지만 사실은 할 이야기도 없었습니다. 하지만 이제는 그렇지 않습니다. 상대방의 마음을 다치게 할까봐 걱정하는 일이 없어졌기 때문에 무슨 일이건 대화할 수 있고, 서로의 감정에 대해서도 얘기를 나눌 수 있습니다. 나는 아내의 말에 귀기울이는 법을 배웠고, 그러자 아내는 행복해했습니다. 우린 다시 사랑하는 사이가 되었습니다. 남은 생을 살아가는 동안에도 계속 사랑하는 사이로 남아 있을 것입니다."

다시 신뢰 쌓기

제이콥이 말했다.

"선생님의 책을 읽고 난 후, 나는 아내에게 다시 돌아가야겠다고 결심했습니다. 당시 우린 결혼생활을 끝내기로 결정한 상태였지만 나는 전보다 더 잘할 자신이 있었습니다. 새로운 아이디어를 적용시켜 조금만 신경 쓴다면 우리 관계가 훨씬 좋아질 수 있을 것이라고 확신했습니다.

우리 부부는 많은 토론을 거듭한 끝에 다시 합치기로 결정했는데, 아내는 여전히 자신이 없는 눈치였습니다. 여러 해 동안 내가 잘못한 게 사실이니까요. 아내는 내가 과연 변화할 수 있을지 확신이 서지 않는 것 같았습니다. 내 입장에서는 그렇게 오랜 시간이 요구된다는 게 마음에 내키지 않았습니다. 하지만 다시 신뢰를 쌓아가는 일은 우리 관계에 대해 내가 배워야 할 것들을 견고하게 다져가는 데 도움이 되었습니다.

> 다시 신뢰를 쌓아가는 일은 우리 관계에 대해
> 내가 배워야 할 것들을 견고하게 다져가는 데 도움이 되었습니다.

나의 문제는 모든 일을 내 입장에서만 보고 주장한다는 것이었습니다. 아내의 입장은 이치에 맞지 않는다고 생각했고, 아내가 무슨 일에 화를 내거나 다소 부정적이다 싶으면 그냥 동굴로 들어가버리곤 했습니다. 며칠 동안 사랑한다는 생각까지 접어두고 말입니다. 그러다가 동굴 밖으로 나오면 무슨 일이 있었냐는 듯이 행동했습니다. 아내는 늘 불만스러워했습니다. 말다툼을 하면 나는 집을 나가버렸고, 시간이 지나면 우린 다시 할말이 없어져버렸습니다.

아내가 선뜻 믿어주지 않았으므로 나는 아내에게 내가 달라졌다는 것을 증명해야 했습니다. 마음먹은 대로 일이 되지 않을 때, 그동안 나는 입을 꾹 다물어버리고 무뚝뚝하게 처신했다는 것을 깨달았습니다.

아직도 입을 꾹 다물고 동굴 속으로 들어가버리기는 하지만 한 가지 차이점이 있습니다. 지금은 일단 밖으로 나오면 아주 세심하고 다정다감하게 대한다는 겁니다. 그리고 마음을 활짝 열고 다시 대화를 시도해서 시간이 얼마 걸리더라도 그녀의 생각을 이해하고 그럴 수도 있다고 인정해줍니다.

아내가 나를 신뢰하지 못하는 이유에 대해 새롭게 고찰해봄으로써 나는 행동을 통해 내가 관심을 갖고 있음을 아내에게 보여줄 수 있게 되었습니다. 아내는 점차 마음을 열고 나를 다시 사랑할 수 있게 되었습니다. 우리는 현재 아주 행복하고, 우리의 행복을 계속 간직할 수 있는 힘이 내게 있다는 사실을 알게 된 점이 내게는 엄청난 기쁨입니다."

그냥 친구로 지내자

윌의 이야기다.

"여자친구 사라가 어느 날 느닷없이 나와 그냥 친구로 남고, 다른 남자를 사귀고 싶다고 했습니다. 어떻게 해야 할지 모르겠더군요. 그냥 미소로 답할까? 아니면 어깨를 축 늘어뜨리고 아무 말 없이 뒤돌아서서 나가버릴까? 도대체 어떻게 해야 할까? 화를 버럭 내며 그녀의 사랑을 얻기 위해 싸워볼까? 무척 혼란스러웠습니다. 그런 일이 있기 전까지는 모든 것을 제대로 하고 있다고 생각했으니까요.

선생님의 책을 읽고 나서 내가 이기적이었음을 깨닫게 되었습니다. 우리 사이에서 중심은 항상 나였습니다. 내가 그녀한테 가서 무슨 일이 있었는지 말해주는 식이었으니까요. 나는 항상 그녀에게 전화했습니다. 이것이 여자들이 원하는 것이며 동시에 내가 원하는 것이라고 생각했습니다.

> '미스터 예민'이었던 나는 진정한 변화를
> 시도할 수 있는 힘든 방법을 알게 되었다고 생각합니다.

'미스터 예민'이었던 나는 진정한 변화를 시도할 수 있는 힘든 방법을 알게 되었다고 생각합니다. 그녀에게 가서 버림받아 가슴 아픈 내 심정을 알아달라고 하소연하는 대신 나는 내 감정을 편지에 적어보기로 했습니다. 선생님이 제안하신 대로 그녀가 그리워질 때마다 나는 분노, 슬픔, 상심, 두려움, 미안함 등의 감정을 표현하며 편지를 써내려갔습니다. 부정적인 나의 감정은 편지를 쓰고 난 다음 이해와 용서, 그리고 사랑을 표현하는 데 초점을 맞추게 되었습니다. 이것은 내가 위안을 찾는 데 도움이 되었을 뿐만 아니라 내가 얼마나 자기 중심적이고 요구가 많았는지 스스로 깨닫게 했습니다. 우리 사이에는 그녀의 감정이 끼어들 여지가 없었던 겁니다.

몇 주 후 나는 그녀에게 어떻게 지내느냐고 안부전화를 했습니다. 그녀는 대화하기를 무척 주저했습니다. 나는 그녀에게 나와 헤어졌다고 미안해할 필요가 없음을 확신시킴으로써 그녀의 마음을 편안하게 해주었습니다. 그리고 내가 어떤 감정인지 말하는 대신 그녀가 대화를 이끌어가도록 이것저것 물어보며 반응을 보이지 않고 그냥 듣기만 했습니다. 몇 주 동안 나는 전화만 몇 번 하다가 그녀에게 점심을 같이하자고 제안했습니다. 그녀가 좋다고 하더군요. 그후 1년쯤 지났는데, 우리는 결혼하기로 약속했습니다. 믿기 힘들겠지만, 하나의 작은 변화가 이렇게 엄청난 차이를 가져온 것입니다."

진정한 헌신

키스가 말했다.

"자넷과 1년 정도 사귀었을 때 우리는 중요한 시점에 이르게 되었습니다. 이 관계를 계속 유지해나갈 것인가 말 것인가, 과연 결혼을 해야 하는가 하는 문제에 봉착하게 된 것입니다."

자넷 : 사실 난 결혼하고 싶지 않았어요. 하지만 키스가 결혼을 간절히 원했죠. 그런데 키스는 다른 여자를 만나는 것을 포기하겠다고 약속하려 하지 않았어요. 적어도 그때는 그랬죠.

키스 : 우린 이 문제를 해결할 수 없었습니다. 나는 자넷을 알기 전부터 존 그레이 박사님을 알고 있었습니다. 그래서 박사님에게 전화 상담을 했죠. 박사님은 어느 편도 들지 않고, 우리의 입장을 지지하면서 반성하도록 유도했습니다. 아주 놀라웠습니다.

존 그레이 박사님이 말씀하셨습니다.

'키스, 자네는 다른 경험을 해보고 싶은 거겠지? 다른 여자와 데이트도 해보고 싶고, 밖에 나가 마음껏 놀고도 싶고.'

'그렇습니다.'

나는 동의했습니다.

'그리고 자넷, 당신은 일부일처제를 원하죠? 분명한 헌신을 요구하는 당신의 소망을 키스가 채워주지 않고 있는 거죠?'

박사님이 자넷은 나에게 분명한 헌신을 요구할 권리가 있다고 말하는 것을 듣고 있으려니 아주 흥미로웠습니다.

자넷 : 내게 이렇게 말하더군요.
'키스가 한 말을 들었죠? 그는 일부일처제의 관계를 수용할 준비가 되어 있지 않다고 말하는 것뿐입니다. 그래도 괜찮겠습니까? 그렇게 살면서 관계를 개선시켜나갈 수 있겠습니까?'
나는 못하겠다고 대답했어요.

키스 : 그러자 박사님이 말했습니다.
'두 사람의 얘기를 다 들어보니 안타깝지만 두 사람은 헤어져야 할 것 같군요. 이제 두 사람의 선택만 남았습니다.'
그건 우리도 알고 있는 사실이었지만, 박사님은 아주 강력하고 분명하게 우리가 처한 상황에 대해 설명해주었습니다. 특히 자넷은 스스로 의식적으로 인식하고 싶어하지 않았던 것까지도 들을 수 있었지요.

자넷 : 맞아요, 박사님이 우리 상황을 아주 분명하게 말씀해주셨기 때문에 우리는 관계의 실체를 파악할 수 있었어요. 정직에 관한 힘든 수업이었지요. 대개는 이미 우리가 알고 있던 것들이었지만요. 정직해지고 싶다고 마음은 먹었어도 실제로 정직해지는 건 쉽지 않았어요.

키스 : 맞아요, 박사님이 옳았습니다. 우리가 화해한다는 것은 불가능한 일이었습니다. 그래서 우리는 헤어지기로 했습니다.

자넷 : 우리가 더 이상 함께 지낼 수 없다고 생각하니 슬퍼지더군요.

그렇지만 이별을 감수한 것이 내게는 힘이 되었어요. 지금 상황은 내가 원하는 모습이 아니므로 변화가 필요하다고 생각했어요.

나는 사람들이 수많은 관계 속에서 상황에 따라 맞추며 사는 것이라고 생각했는데, 박사님은 원하는 것을 요구할 권리가 내게 있다는 것을 가르쳐주었어요. 하지만 함께 있을 수 없다는 생각을 하니 몹시 마음이 아프더군요. 우린 서로를 너무나 사랑했지만 다음 단계로 들어설 준비가 전혀 되어 있지 않았어요.

키스 : 분명히 박사님은 자넷에게 힘을 주었습니다. 하지만 박사님은 내게도 마찬가지로 힘을 주었습니다. 밖으로 나가려고만 한다고 해서 내게 문제가 있는 건 아니라고 했거든요. 그럴 수도 있다는 거죠. 내가 그런 감정을 가지고 있다고 해서 나쁘다고 할 수만은 없다는 겁니다. 그래서 자넷과 나는 헤어지는 데 동의하고 각자의 길을 떠났습니다. 그런데 '밖으로 나돌아 다녀보니' 그렇게 굉장한 일이 생기지도 않았습니다. 단지 나는 구속받지 않고 내가 원하던 것을 찾아다닐 수 있었을 뿐입니다.

자넷 : 그렇게 헤어지고 나니 몹시 힘들더군요. 우리가 헤어져 있던 6개월 동안 몇 번 만나기는 했는데, 그때마다 난 울기만 했어요. 지금도 그날 밤이 기억나요. 기회가…… 기회가…… 없었던 건 아니에요. ……그렇지만 어떻게 행동해야 할지, 다시

가까워질 수 있는 기회였는데…… 혼란스러웠어요. 하지만 참아야 한다는 걸 알고 있었어요. 나는 나 자신에게 말했죠. 난 헌신할 가치가 있는 사람이야, 나는 그럴 권리가 있어, 그러니까 내가 수용할 수 없다면, 그래…….

키스: 나도 그날 밤이 기억납니다. 그리고 다른 날도 기억나요. 나는 자넷이 확신을 갖고 기다려준 데 대해 경의를 표하고 싶습니다. 그로 인해 그녀에게 훨씬 더 존경심을 갖게 되었습니다. 물론 그녀도 더욱 바람직한 방향으로 변했습니다.

자넷: 그렇게 6개월이 지난 뒤 우린 다시 결합했어요. 그때는 굉장히 마음이 설레더군요. 드디어 재결합할 수 있었으니까요. 그때 우리 관계는 최고였습니다. 우린 마침내 안도할 수 있었고, 서로를 수용할 줄 아는 관계를 갖기 시작했죠.

> 드디어 우린 재결합할 수 있었어요.
> 그때 우리 관계는 최고였습니다.

키스: 솔직한 게 문제가 되는 일은 없었습니다. 정직한 두 사람이 어떻게 해야 할지 해결책을 찾으려고 애쓰기 전에도 그것이 큰 문젯거리가 된 적은 없었지요. 사실 정직이 아무 문제도 없을 거란 보장은 하지 않습니다. 그러나 재결합을 결정한 후 지금까지 우린 높은 수준의 정직함을 지니고 있다고 생각합니다.

자넷: 재결합 초기에 도움이 된 것들 가운데 하나가 연애편지 기술이

었어요. 우린 자주 그 기술을 이용했고, 우리가 마음을 활짝 여는 데 도움이 되었어요. 우리는 서로에게 편지를 쓰고 또 썼어요. 그러고는 서로 바꾸어가며 읽었죠. 편지를 쓰고 읽는 게 정직해지는 기본 방침이 된 셈이지요.

'있잖아요, 난 참을 수가 없어요. 당신이……' 라고 말하는 게 얼마나 어려운지는 누구나 다 알죠. 하지만 편지에 사랑의 마음을 담아 문제를 전달하면 훨씬 쉬워지더군요.

키스 : 아직도 연애편지가 정말로 최고의 대안이라고 할 수는 없습니다. 우린 여전히 싸우기도 하고 빙빙 겉돌기도 하죠. 편지에조차도 감정을 솔직하게 털어놓기 불편할 때도 있습니다. 편안함이 다른 쪽에 있다는 게 문제였죠. 편지를 읽고 나서 문제가 모두 해결되는 건 아니지만 편지는 긴장을 풀어주었습니다. 박사님의 세미나에서 나는 여러 부부들이 연애편지를 쓰는 것을 보았습니다. 그들은 마음속에 품은 생각을 시간이 날 때마다 편지에 쏟아부었습니다. 하지만 우린 그렇지 않았습니다. 서로에게 편지를 읽어줄 때도 불편했으니까요. 그러나 이것을 극복하려고 노력했습니다.

결국 편지가 해결책을 제시해주었습니다. 편지에는 힘이 있더군요. 아주 안전한 형태이기도 하고요. 아내와 무슨 문제가 생기고 그게 다소 흉해 보인다고 그 존재를 아예 없애버리거나 수정할 필요는 없습니다. 사실 그럴 수도 없지만 말입니다. 그럴 때 편지가 감정을 다루는 방법에 대해 가르쳐줍니다.

아내와 무슨 문제가 생기고 그게 다소 흉해 보인다고
그 존재를 아예 없애거나 수정할 필요는 없습니다.

우리 부모님은 한번 싸우면 몇 주 동안은 서로 말도 하지 않다가 화가 가라앉으면 좋지 않았던 일에 대해서는 전혀 언급하지 않으셨습니다. 그러나 편지에서라면 능동적이고 긍정적인 방식으로 힘든 감정들을 잘 처리해나갈 수 있고, 그렇게 함으로써 상황이 어떻게 나아지는지 알 수 있습니다.

자넷 : 한 단계, 한 단계씩 우리는 약혼하고 결혼하고 아이도 갖게 되었어요. 아이가 태어나기 전에 우리는 대화방법을 터득하기 위해 정말 많이 노력했어요. 하지만 난 달갑지 않았죠. 문제가 생길 때마다 나는 헤쳐나갈 길을 찾곤 했어요. 혼자서 문제를 해결할 능력이 없으면 그것으로부터 한 발짝 물러나 있어야 한다고 생각했어요.

키스 : 하지만 우리에겐 존 박사님이 제안한 방법이 있었습니다. 그럴듯하면서도 강렬한 것이었지요. 그래서 싸움이 벌어질 상황이 되면 '우린 이 문제를 해결할 방법이 있어' 라고 말할 수 있게 되었습니다. 그 자리에서 문제를 해결할 수는 없어도 우리가 할 수 있다는 자신감은 생겼습니다.

자넷 : 나의 최선책은 내 감정에 대해 있는 그대로 털어놓는 방법을 배우는 것이었어요. 키스는 내가 그에게 삿대질을 하지 않고 내 감정에 대해 이야기할 때 내 말을 훨씬 잘 들어줬어요.

키스 : 사실입니다. 그녀는 자신이 원하는 것을 어떻게 말해야 할지 알고 있었고, 그것에 대해 물어보는 것을 부끄럽게 생각하지 않았습니다. 그리고 대개는 내게 존경심을 나타내는 방식으로 물었습니다. 그 결과 우리는 갈등해소 방법을 발전시키며 우리가 원하는 것을 얻을 수 있었습니다.

자넷 : 아이가 생기고 나서는 아이 앞에서 솔직하게 툭 터놓고 대화하기가 쉽지 않다는 것을 알게 되었어요. 나는 아이 앞에서 흥분된 상태로 말하는 모습을 보여주고 싶지 않았어요. 딸아이에게 존경받는 엄마가 되고 싶었거든요. 제니퍼가 보는 앞에서 말대꾸하며 남편에게 대든 적이 한두 번 있었는데 딸애가 울더라구요.

> 아이가 생기고 나서는 아이 앞에서 솔직하게 툭 터놓고
> 대화하기가 쉽지 않다는 것을 알게 되었습니다.

키스 : 대개는 아이와 즐거운 시간을 보냈습니다. 하지만 딸아이가 우리가 하는 행동을 보고 울 때는 작고 순진한 게 꼭 체온계 같았습니다. 자기 앞에서 지금 뭘 하는 거냐고 우리에게 매번 경고의 표현을 하더라고요. 그래서 지금은 훌륭한 대화를 이끌어갈 수 있는 좀더 수준 높은 경고등이 생긴 셈이지요. 아주 어릴 때 경험한 관계는 깊은 인상으로 남아 있으리라는 생각이 강하게 들었습니다. 제니퍼를 위해 우리의 관계와 분위기

를 정직하게 있는 그대로 보여주는 것이 무엇보다 중요하다고 생각했습니다.

> 딸아이가 우리가 하는 행동을 보고 울 때는
> 작고 순진한 게 꼭 체온계 같았습니다.

자넷 : 하지만 영향을 받는 것은 제니퍼만이 아니었어요. 아이로 인해 우리에게는 함께 처리해야 할 일들이 많이 생겼지요. 그 아이에게 필요한 것들이 내 무릎 위에 더 많이 얹혀졌어요. 키우는 사람도 나고, 집에 있어야 하는 사람도 나고, 남편의 도움을 부탁할 때도 내가 기억해두고 있어야 했어요. 그이는 내가 보고 있는 문제를 보지 못했어요. 예를 들면 가습기에 물을 채워달라고 하는 것과 같은 사소한 일들을 부탁하는 게 내겐 고통이었어요. 우리의 일임에도 내가 부탁함으로써 그이에게 큰 도움을 받았다고 생각해야 하는 것도 속상했고, 그래서 내가 직접 한다고 왔다갔다하면 그런 사소한 일까지 혼자 해야 한다는 사실에 발끈 화를 내게 되는 거예요.

키스 : '사소한 일이' 항상 도화선이었습니다.
남자들 세계에서는 아마 이런 것들이 사소하다고 생각할 겁니다. 박사님은 상대방을 위해 사소한 일을 해주라고 말하죠. 예를 들면 화초 가꾸기라든가 카드놀이 같은 거 말입니다. 직접 해보니 그런 것들이 제니퍼의 삶뿐만 아니라 우리 부부의 삶

까지도 풍요롭게 해준다는 것을 깨달았습니다. 재미있는 일이 기억나는군요.

한번은 보모를 어렵게 구해놓고 우리끼리 외출하게 되었는데, 주차장에서 갑자기 전에는 내가 자넷을 위해 늘 차문을 열어주었다는 생각이 들었습니다. 그래서 문을 열어놓았습니다.

'그래, 나는 늘 이렇게 했어' 하고 생각하면서 말입니다. 굉장한 일이잖아요?

자넷 : 나도 분명히 봤어요. 어리석고 바보 같은 짓이었죠. 우스웠어요. 시간을 거슬러 연애 시절이 생각났지요. 키스는 자기가 날 챙겨주고 싶어한다는 걸 보여준 거예요.

키스 : 그래요, 비록 별것 아닌 일 같아 보여도 그런 가운데 우리 관계가 유지된다고 생각합니다.

자넷 : 어떤 면에서 날 위해 차문을 열어두는 일은 황홀한 전희 같은 거예요. 그건 로맨스죠. 우린 일과 아이 때문에 매우 바쁘지만 서로를 챙기려고 노력해요. 섹스와 로맨스를 위한 시간을 만들어내는 게 중요하다는 것을 우린 분명히 알죠. 좋은 부모가 되기 위해서도 우리의 관계가 행복하고 건강해질 필요가 있어요.

> 좋은 부모가 되기 위해서도
> 우리의 관계가 행복하고 건강해질 필요가 있어요.

키스 : 정말 그렇습니다. 가끔 느껴지는 혼란은 단순히 대화부족때문

만은 아닙니다. 실제로 우리가 너무 멀리 떨어져 있어서 다정하게 지내지 못한 것이 원인임을 나는 분명히 알 수 있었습니다.

기준 정하기

체리는 올바른 관계를 갖고 싶어했다.

"우리는 고교 졸업 20주년을 기념하는 동창회 때 만났어요. 켄은 1973년에 고등학교를 졸업하고 곧바로 해군에 입대했죠.

난 임신을 했기 때문에 대학 1학년 때 학교를 그만두어야 했어요. 10년 후 다시 학교로 돌아가 공중치과위생의 학위를 받고 대학을 졸업했습니다.

우리가 만난 때가 바로 그 즈음이었습니다. 우린 둘 다 재혼 경험이 있었습니다. 켄은 10대인 아이가 한 명 있었고, 난 아이가 둘이었어요. 하나는 다 컸고, 하나는 일곱 살이었죠. 내가 혼자 산 지 거의 8년째 접어들고 있을 때였어요. 그때까지 심각한 관계는 한 번도 없었고, 데이트는 한두 번 해본 정도였죠. 내 결혼생활은 두 번 다 1년도 못 되어 끝장나고 말았죠. 첫 번째 결혼은 열네 살 때였는데 그땐 너무 어렸을 때고, 두 번째는 스물아홉 살 때였는데 처음부터 비정상적인 관계였어요.

켄은, 첫 번째 결혼은 아내의 바람기 때문에 끝냈대요. 두 번째는 불과 몇 달 만에 친구로 남는 게 더 낫다는 결론을 내렸다더군요.

동창회 때 나는 켄을 한눈에 알아봤어요. 학창 시절엔 친구 사이였다고 말하기도 뭣할 정도였어요. 그냥 얼굴과 이름 정도만 알고 있는 사이였으니까요. 그는 우리 옆집에 살았지만 당시 열네 살인 내 가슴을 설레게 할 만한 것은 아무것도 없었어요. 하지만 행사장에서 그이가 나를 지그시 내려다보며 차분하면서도 또렷한 음성으로 말할 때 왠지 기분이 좋아지더군요. 그이는 거의 네 시간 반이 넘는 시간 동안 우리의 어린 시절과 아이들, 그리고 결혼과 그밖에 지난 20년간 살아온 삶에 대해 이야기했어요. 그때 이 사람 정말 괜찮은 남자구나, 하는 생각이 들었지요.

다음날 별로 손해볼 것이 없다는 생각에 그이에게 전화를 했어요. 그이는 그날 우리 집으로 와주었죠. 우린 몇 시간 동안 이야기도 하고 일곱 살짜리 내 아들 녀석과 영화도 같이 보았죠. 켄이 나에게 키스하려고 몸을 숙이는데 그 녀석이 이렇게 말하는 거 있죠.

'그 정도면 됐어요, 아줌마!'

나는 깜짝 놀라 움찔했고 우린 한바탕 웃었지요. 켄은 그날 밤 나와 함께 보냈어요. 내가 농담 삼아 그이에게 '아침에도 여전히 날 존중해줄 건가요?' 라고 묻자, 그이는 '물론!' 이라고 말했어요. 지금 그 말은 내가 즐겨 쓰는 말이 되었죠.

다음날 그이는 떠났어요. 전부터 계획했던 건물감독관이 되기 위해 오리건 주에 있는 학교로 돌아가기 위해서였죠. 내 마음은 카드를 보낸다, 전화를 건다 하며 열심히 그이에게 달려갔어요. 한 달 뒤 나는 그이를 만나려고 오리건 주로 갔고, 그이는 나와 함께 고향으로 돌아와 보름쯤 함께 지냈어요. 우리 사이는 순풍에 돛을 단 듯 했어요. 아이들도 약간의 질투를 하긴 했지만 켄을 좋아했어요. 켄은 오리건으로 다시 돌아갔다가 추수감사절 기간에 돌아와 아주 눌러앉았죠.

그리고 1년이 넘게 함께 살았어요. 성적인 면은 물론 모든 면에서 우리는 사이가 좋았어요. 켄과 아이들과도 사이가 좋았죠. 처음 6개월 동안은 매우 잘 지냈어요. 그런데 언제부턴가 내가 이용당하고 있다는 느낌이 들기 시작했어요. 켄이 우리 가족에게 경제적인 기여를 그다지 하지 않았기 때문이죠. 나는 우울해졌고 한참을 망설이다가 다시 6개월이 지나고 나서야 그이에게 털어놓았어요. 우리의 동거생활을 위해 그이가 돈을 내지 않기 때문에 내가 이용당하고 있다는 느낌이 든다고 말했죠. 그이 역시 위기를 느끼고 있는 중이었어요. 그이는, 직장은 없었지만 해군에서 연금이 나오고 있었어요. 반면 나는 꽤 보수가 괜찮은 직장에 근무하고 있어서 돈이 그다지 중요하지는 않았어요. 그후 그이는 생활비를 부담했고, 여러모로 다소 나아졌어요. 하지만 그것으로 모든 게 끝난 것은 아니었어요. 또 다른 무언가가 우리를 기다리고 있었어요.

켄은 처음부터 확신이 설 때까지 내게 사랑한다는 말을 하지 않을 거라고 했어요. 그이는 우리 관계를 수용한다고는 했지만 날 사랑한다는 말은 여전히 하지 않았어요. 그래서 난 계속 우울했죠. 친구가 '요즘 어떻게 지내니?' 하고 물으면 내가 할 수 있는 대답이라곤 고작 '잘 모르겠어' 정도였어요. 얼마나 자존심이 상하는 일이겠어요.

그이는 우리 관계를 수용한다고는 했지만
날 사랑한다는 말은 여전히 하지 않았어요.

결국 9월에 내가 말했죠. '만일 날 사랑한다는 확신이 아직까지도 들지 않는다면 확신이 생길 때까지 나가 있는 게 좋겠어요' 라고요. 켄은 자신이 나를 사랑하고 있는지 확신하지 못하게 하는 어떤 '감정' 이 있다고 생각하는 것 같았어요.

켄은 집을 나가 거의 한 달 동안 일 때문에 돌아오지 않았어요. 그이가 집으로 돌아왔을 때 나는 그이에게 우리가 결별한 그 시점에서 다시 돌이킬 수 없을 거라고 말했어요. 자존심이 용납하지 않을 뿐더러 내 아들에게도 너무 비참한 일이라고 생각했기 때문이죠. 그때 그 아이는 켄을 진정으로 따르고 있었거든요.

우린 서로에 대해 조금은 알고 있었지만, 우리 사이엔 뭔가 팽팽한 긴장감이 존재하고 있었어요.

그러던 어느 날 저녁 텔레비전을 보는데, 존 그레이 박사가 광고에 나오더군요. 그레이 박사는 재미도 있었지만 하는 말마다 내가 느끼고 있는 것과 일치했어요. 난 켄에게 말했죠.

'저거야, 우리한테 필요한 것이……'

그레이 박사의 테이프를 두고 한 말이었어요. 켄은 그 자리에서 전화로 테이프를 주문했어요. 나는 믿을 수가 없었어요. 내 입장에서 보면 아주 긍정적이고 상대방을 생각하는 행동이었거든요. 난 짜릿한 흥분을 느꼈어요.

우리는 그 테이프를 아주 진지하게 보고 생각했어요. 그리고 매일 밤 들었죠. 가끔씩 테이프를 정지시키고 들은 내용에 대해 이야기를 나누기도 했어요. 테이프를 되돌려 다시 듣기도 했죠. 마침내 켄은 내 감정이 어떤 것인지 이해했어요. 그이는 내 이야기를 잘 들어줄 뿐만 아니라 변화시킬 필요가 있다면 변화시키고 싶어하는 사람이에요(요즘 그이는 항상 나한테 꽃을 사주죠. 전에는 한 번도 그런 일이 없었어요). 반면 나는 화성인들이 어떻게 생각하는지 깨닫게 되었어요. 그전에는 스스로에게 이렇게 말하곤 했어요.

'어쩌면 저렇게 멍청할 수가 있어? 내가 얼마나 마음이 상했는지 도대체 모른다니까.'

이제 우리 결혼생활은 매우 행복합니다. 그 테이프가 아니었다면 우리 관계는 지금 같지 않았을 거예요. 우리 둘 다 그렇게 생각하고 있어요. 우리는 완벽하진 않지만 우리가 지니고 있는 것들을 든든하게 여기고 있으며, 지속적인 관심을 집중시키고 있습니다. 우리는 모두 좋지 않은 경험을 가지고 있기 때문에 지금 갖고 있는 것에 대해 더욱 감사하고 있어요. 우리는 문제도 많고 싸움도 자주 하지만 우리에겐 멋진 인생이 있어요. 그리고 나는 켄에게 아주 고마워하고 있답니다."

관계를 위한 교재

샌디가 자기 가족에게 일어났던 이야기를 들려주었다.

"선생님의 책을 읽은 지 이제 2년이 됐어요. 내가 읽어본 책 가운데 웨스와 나를 이해하는 데 도움을 준 최고의 책이었어요. 꼭 선생님께서 우리를 모델 삼아 연구하신 것 같은 느낌이 들었어요. 당시 내가 근무하던 텍사스 주의 타일러에 있는 앨라논 사무실에 누가 그 책을 두고 갔어요. 난 그날 아침 단숨에 50쪽을 읽어버렸어요. 그날 따라 전화도 한 통 오지 않아 나는 아무런 방해도 받지 않고 책을 읽을 수 있었죠. 나는 딸에게 전화를 걸었어요. 한 부부가 여행 중 길을 잃었을 때, 아내가 남편에게 길을 잘못 들어선 것 같다고 얘기하는 부분을 읽어주었죠. 딸아이가 말하더군요.

'어머, 엄마. 바로 그거야. 지금까지 내가 잘못해온 게 바로 그거야!'

맙소사! 다음은 남편 웨스에게 전화를 했어요. 그이는 이렇게 말했어요.

'다음 여행 때는 그 교재도 함께 가져가겠소?'

그런 일로 남편과 다툰 적은 없었어요. 하지만 길을 잘못 찾고도 물을 생각을 안 하는 걸 내가 멍청한 짓이라고 생각한다는 것을 그이도 알고 있었어요. 지금은 이 이야기를 농담삼아 하는데, 그러면 그이는 곧 길을 물어봅니다.

나는 이 책 다섯 권을 사서, 안쪽 페이지에 다음과 같이 적어 장성한 세 아이들에게 나누어주었어요.

아빠와 나는 너희에게 좋은 본보기가 되지는 못했던 것 같구나. 특히 너희가 모두 성장한 다음에는 더욱 그랬다. 우린 결혼관계에 있어서는 '하늘이 내린' 천생연분은 아니었기 때문이란다. 하지만 이 책이 너희가 좀더 성공적으로 '앞으로 오래오래 행복하게' 살아가는 데 도움이 되길 바란다.

그때 우리 아들의 약혼녀가 이 책을 읽기 시작했는데, 책을 손에서 떼지 못하는 거예요. 나중에는 아예 자기 집으로 가져가더군요. 존이 웃으며 내게 말하기를, 그녀가 혼자서 무슨 말인가를 중얼거리다가 이렇게 얘기했다는 거예요.
'이제부터 자기한테 무엇을 해야 한다는 식으로 말하지 않도록 할게.'
그 아이들은 지금 결혼해서 행복하게 살고 있어요. 아주 사이좋은 부부죠. 내가 선물한 선생님의 책이 우리 아이들에게 훌륭한 관계를 맺는 데 무엇이 필요한지에 대한 최소한의 통찰력을 주었다고 생각하니 정말 기뻐요.
남편은 알코올중독자였는데 지금은 회복 중이죠. 술을 끊은 지 5년 됐어요. 나는 몇 년 동안 그이를 동굴에서 나오게 하려고 애쓰며 헛되이 세월만 보냈죠. 술에서 깨어 있을 때면 그이는 간신히 용기를 내어 자신의 동굴에서 나왔어요. 지금은 그이가 동굴 안에 있도록 내버려두자는 쪽으로 많이 기울어진 편이에요. 그리고 괜찮은 결정이었죠. 하지만 결코 될 대로 되라는 식으로 내버려두는 건 아니에요. 그이가 동굴에 있는 것에 대해 걱정하지도 않고요.
선생님의 책은 내가 변화시킬 수 있는 것을 변화시키도록 길잡이가 되어주었어요. 나를 변화시킬 수 있는 것은 오직 나 자신뿐이라는 걸 깨달았지요.

지금까지 갖고 있던 기대를 포기한다는 건 너무나 힘들었어요. 나는 항상 그이가 술에 취하지 않은 상태에서만 함께 앉아 대화를 나눌 수 있다고 생각했지요. 하지만 잘못 생각한 것이었죠.

어렸을 때 나는 10년 동안 보육기관에서 자랐어요. 나중에 가족들이 다시 한곳에 모였을 때, 우리 부모님은 떨어져 살았던 그 기간 동안의 내 감정을 전혀 고려하지 않았어요. 그건 나한테는 분명히 자식을 버린 행위였는데도 말이에요.

웨스가 그의 동굴에 들어가는 것도 우리 부모님과 똑같은 행동으로 보였어요. 생각하고 싶지도 않은 어린 시절의 악몽이 되풀이되는 것 같았다고요. 하지만 선생님의 책을 읽고 난 뒤에는 남자들에게는 가끔씩 뒤로 물러나 있는 시간이 필요하다는 것을 알게 되었어요.

나는 그이에 대한 내 기대를 줄이려고 노력하고 있어요. 말을 좀 더 줄이고 조건 없이 그이를 사랑하게 해달라는 게 내 기도예요. 문제는 내가 화가 나면 목소리가 올라가는 경향이 있다는 거예요. 그러면 남편은 자기 동굴로 들어가버리고 그로 인해 나는 버림받았다는 느낌을 갖게 되죠. 이런 식의 시나리오가 우리의 결혼생활 동안 내내 되풀이됐어요.

그런데 최근에 뭔가 다른 일이 일어났어요. 현재 우리는 그이의 업무 때문에 캘리포니아에서 잠시 이동주택 생활을 하고 있는데, 애기를 다시 나눌 필요가 있다는 생각이 들기 시작한 거예요. 그이는 집과 달라서인지 밖에 나가지 않았어요. 낚시한다며 호수에도 가지 않는 거예요.

그래서 우리는 둘 다 다른 행동양식을 택해야 했죠. 그이는 평소보다 내 감정을 더 많이 생각해주었고, 나도 그이에 대해서 더 많은 것을 받아들였어요. 나는 가능하면 대화를 짧게 해야 한다는 걸 명심하고 있었는데, 그것은 우리 관계에 무척 도움이 되었어요.

정말 생산적인 대화였어요. '째깍거리는 시한폭탄'이나 '입을 꽉 다문 조개'처럼 앞뒤가 막힌 답답한 사람으로 끝나지도 않았어요. 서로에 대한 사랑과 포옹으로 끝났죠. 그때 이후 나는 훨씬 더 평화와 만족감을 느끼게 되었습니다. 평생의 동반자로 내가 선택한 사람에 대한 사랑도 더욱 커졌고요. 분노, 비통함, 울화 같은 것들은 사라지고 우리 사랑은 더욱 깊어갔어요. 나 자신이 좀더 발전한, 그래서 해방된 것 같은 느낌이 들었습니다.

선생님의 책은 남녀간의 차이의 이해에 대해 내가 읽은 책들 가운데 가장 실용적이었어요. 게다가 아주 재미도 있고요! 옳은 방법과 그릇된 방식에 대한 대화를 비교해서 제시한 것도 마음에 들었습니다.

남편은 아직 그 책을 읽어보지 못했지만 괜찮아요. 내가 책에서 얻은 것을 생각하면 선생님께 평생 감사를 드려야 할 거예요. 그리고 선생님과 사모님 사이에 있었던 일들을 솔직하게 들려주셔서 고맙습니다. 그 이야기를 듣고 나서 선생님께서는 단지 뭔가를 글로 쓰는 게 아니라 실제로 자신의 삶 가운데서 실천해가고 있다는 사실을 알게 되었으니까요."

깨달음

자네트가 말했다.

"선생님의 책 내용 가운데 여자들은 파도와 같다고 쓴 부분에서 나는 울고, 또 울었어요. 남편 주위에는 파도와 같은 여자가 없었기 때문에 그이는 나를 보고 제정신이 아니라고 했어요. 그래서 내가 정상이라는 것을 확인하고 난 다음 그이에게 선생님의 책을 권했을 때, 그이 역시 그 책을 읽고 엄청난 경험을 하게 되었죠.

그이는 나를 보고 제정신이 아니라고 했어요.

요즘 우리 부부는 어느 때보다도 서로를 존중해주고 있어요. 우리 부부는 이 모든 문제를 해결할 수 있도록 도와준 하나님과 상담치료, 그리고 존 그레이 선생님의 책에 감사드립니다."

감정 없는 결혼생활

마리는 담담하게 지냈던 결혼생활과 가족간의 위기를 극복하기까지의 과정을 들려주었다.

"처음에 존 그레이 박사님의 책을 접했을 때 나는 나 자신과 우리 부부관계에 대해 많은 것을 배우게 되었어요. 마치 어린아이가 맞이

기막힌 우유를 찾아낸 듯한 느낌이었죠. 나는 어디를 가든 그 책을 가지고 다녔어요.

박사님은 내가 그토록 간절히 원하는 것에 대해 단도직입적으로 논의하고 있더군요. 그때 우리 결혼생활은 차가운 빙판 위에 서 있는 것 같았어요. 남편 더그와 나는 서로에게 무덤덤했거든요.

지금은 사는 게 재미있어요. 항상 흥미진진하고 모험거리가 될 만한 일들이 계속해서 생기지요. 심지어 으깬 감자요리 하나를 만들어도 그 소리가 워낙 흥미진진해서 남편도 서둘러 귀가할 정도니까요. 남편은 항상 내가 하는 일에 빨려들었죠. 그이는 사업가예요. 내가 내 인생을 너무너무 사랑하니까 그이도 끌렸던 거예요.

하지만 무엇인가가 우리한테서 떠나버렸어요. 우리는 시작할 때 갖고 있던 무엇인가를 잃어버린 거예요. 우리는 서로 사랑했어요. 언제나 말이에요. 하지만 우리는 여덟 개의 실린더로 작동하지 않았지요. 단지 세 개 정도만 작동하고 있었어요. 우리는 서로 사랑하고 서로를 걱정해주었지만 아무 감정도 없었어요.

그런데 어떻게 되었느냐고요?

예, 우리에게도 위기가 닥쳤지요. 우리의 사랑은 최고조에 달했어요. 우리가 서로를 사랑한다는 것만큼은 남들이 보거나 우리 자신이 볼 때도 분명한 사실이었습니다. 그런데 갑자기 그이가 다니던 회사가 문을 닫게 되었어요. 그동안 그이의 수입으로 아주 편안한 생활을 하던 우리는 생활패턴을 바꾸어야만 했죠. 더그는 자기 동굴로 들어가버렸어요.

나는 '여보, 괜찮아. 모두 다 잘될 거야' 하고 그이를 위로하면서 평소와 다름이 없다고 안심시켜주려고 그이를 따라 들어갔죠. 그렇게 하는 게 그이를 돕는 거라고 생각해서 그이를 뒤 따라다닌 거예요. 나는 내가 세상에서 가장 훌륭한 아내라고 생각했어요. 전에 강인한 여자들에 대한 이야기를 읽은 적이 있거든요. 에디슨의 부인은 남편의 연구를 위해 모든 기금을 마련했다죠. 난 더그를 돕는 거라고 생각하면서 그이를 따라다녔어요.

나는 그이의 동굴로 따라 들어가면서
내가 세상에서 가장 훌륭한 아내라고 생각했어요.

바로 그 무렵 한 친구가 존 그레이 박사님의 책을 소개했어요. 내가 평소에 가장 바람직한 결혼생활을 한다고 생각하던 친구예요. 그 친구는 사랑과 관심의 본보기였지요. 나는 친구에게 그 책을 빌려달라고 했어요. 그러다가 내가 지금 무슨 짓을 하고 있는지 모르겠다는 생각이 들어 속으로 이렇게 말했어요.

'마리, 넌 남편을 그렇게 사랑한다면서 책 한 권 못 사? 좀 진지해봐!'

나는 경제적 위기가 왔건 안 왔건 간에 그 책을 샀어요. 그리고 그 책을 읽으면서 알게 되었죠.

'내가 그이를 아프게 했어, 너무나······.'

나는 동굴 안에 있는 그이를 보고 그이가 모든 면에서 나와 우리

가족을 두고 떠났다고 생각했거든요. 그런데 그동안 그이는 사태를 해결하기 위해 최선을 다하고 우리를 지키려고 노력하고 있었던 거예요. 그때까지 난 그이의 노력을 전혀 몰랐어요.

나는 단지 더그가 실패했다는 사실에만 집착했어요. 전에도 이것에 대해 수없이 많은 생각을 했어요. 나는 유능한 말상대지요. 다른 사람들로 하여금 자신의 감정을 털어놓게 할 수 있는 몇 가지 기술을 나름대로 개발하기도 했죠. 하지만 남편은 자기 감정을 전혀 털어놓지 않았어요. 나뿐만 아니라 누구에게도요. 그이가 은신처를 찾을 때, 동굴 속으로 들어가는 것 말이에요. 난 그것을 이혼을 요구하는 거라고 생각했어요. 그리고 그이의 행동은 심각한 배신행위라고 생각했죠. 당연히 난 그이를 비난했어요.

'내가 왜 당신과 이혼해야 하는지 이해할 수 없군요. 내가 당신에게 들은 말이라곤 세 마디도 안 돼요' 라고 말이에요. 우리 사랑은 최고였지만, 속으로는 그이가 날 좋아했는지, 정말이지 확신할 수가 없더군요. 그이도 내가 자기를 신뢰하는지 자신이 없었던 모양이에요. 그이는 자신이 훌륭한 남편이 못 된다고 생각하고 있었어요.

> 그이가 은신처를 찾을 때, 동굴로 들어가는 것 말이에요.
> 난 그것을 이혼을 요구하는 거라고 생각했어요.

모든 게 오해에서 비롯됐어요. 정말이지 완벽한 오해였어요.
그 다음으로 내가 모르는 게 너무 많다는 사실을 발견했어요. 나는 매우 명석하고 성공적인 사업가예요. 이 분야에서는 막강하죠. 당시 나는 남편이 나를 사랑하고 존경해주는 것은 나의 사업수완 때문이라고 믿었어요. 그게 무엇보다 큰 실수였죠. 사실 지금 생각해보니 그것도 우리 결혼의 한 가지 결정적 요소이긴 했어요. 하지만 그때는 잘 몰랐어요. 나는 포기하는 게 두려웠어요. 변화 자체가 두려웠으니까요. 그리고 뭔가 잃어버릴까봐 걱정도 됐고요.

그 책을 읽고 나서 박사님의 세미나에 한번 가보았어요. 세미나 내용은 색다를 게 없었어요. 너무나 사소한 것들뿐이라 나는 다른 여자들도 그 의미를 놓쳤을 거라고 생각했어요. 선생님은 여자들에게 '짹짹, 짹짹, 짹짹' 하고 지저귀라고 했어요. 그게 우리들 소리래요. 그러고는 남자들에게 으르렁거리며 투덜거려보라고 했어요.

그런데 그 소리가 갑자기 내 머릿속에 울려퍼졌어요. 나는 그 소리를 입으로 되풀이해서 중얼거렸어요. 그 소리가 너무너무 아름답고 중요해졌어요. 전에는 그렇게 하면 결혼생활에서 뭔가를 잃게 될 거라고 생각했어요.

하지만 지금 나는 짹짹거려요. 옛날에 더그와 데이트할 때처럼 말이에요. 세미나가 끝난 후 나는 다시 사랑스럽고 앳된 소녀처럼 행동할 수 있게 되었어요. 그러자 내 어깨에 팔을 얹고 감탄사를 연발하며 영화를 보는 남편도 생겼어요.

> 그러자 내 어깨에 팔을 얹고 감탄사를 연발하며
> 영화를 보는 남편도 생겼어요.

지금은 어떠냐고요? 매우 엄청난 일이 일어났어요. 또 다른 큰 변화의 한복판에 와 있거든요. 우리 아들 리처드가 에이즈에 감염된 사실이 밝혀졌어요. 하지만 더그와 나 사이에는 새로운 이해가 생겼어요. 나는 그이가 동굴로 들어가도 나와 이혼하고 싶어한다고 생각하지 않아요. 오히려 남편이 동굴로 들어갈 때면 나는 그이가 자랑스러워요. 그이가 남자라는 사실을 알고 있으니까요. 그이는 동굴 속에서 안정감을 느낍니다. 나는 이제 그이의 동굴에 들어가려고 하지 않아요. 그이의 속마음을 다치게 하고 싶지 않거든요. 그리고 내가 아주 행운아라는 느낌이 들어요. 모든 여자들이 내가 극복한 것을 극복했다거나 남편과 다시 사랑에 빠지게 되었다고 생각하지는 않으니까요.

이제 우리는 아들에게 닥친 새로운 상황에 충분히 대처해나갈 수 있을 정도로 힘이 생겼어요. 그 아이는 지금 집에 와 있죠. 그 아이와 나는 대화하고, 또 대화합니다. 올해 아들과 함께 보내게 된 것은 내 인생에서 가장 값진 경험이 되었어요. 푸근한 마음을 지닌 아름다운 아이지요. 그 애는 자신의 장점을 찾고 있는 중이에요. 박사님으로부터 더그에 대해, 그리고 남자와 여자에 대해 배운 것은 지금 내가 낳은 한 인간이 얼마나 멋있는지 이해하는 데 도움을 주고 있어요.

자기 인생을 추적하고 탐구하면서 리처드는 자신이 여러 면에서 적응력이 부족하다고 말했어요. 하지만 내가 배운 것들을 통해 나는 그 아이가 내가 알고 있는 사람들 가운데 가장 강한 사람, 가장 강한 남자라는 사실을 알게 되었어요. 박사님의 강연은 내가 리처드에게 그 아이의 힘을 보여줄 수 있도록 도와주었어요. 사람을 조건 없이 대하고, 감수성이 예민하고, 자기 동생이 가기를 꺼려하는 무서운 곳에 가주고, '아니다'라고 말해야 할 때와 '예'라고 말할 때를 구분할 줄 알고, 내 눈 속에서 그러한 자신을 알게 된 기쁨을 보고 고마워하는 것 같은 점들 말이죠.

리처드도 존 그레이 박사님을 좋아해요. 그 애도 그런 기쁨을 알게 되었으니까요. 자식이 아플 때 기쁨을 갖고 지낼 수 있다는 것, 비통해하지 않고 자식의 죽음을 맞이할 수 있다는 것은 분명히 평범한 일은 아니잖아요?

박사님의 강연은 내가 리처드에게
그 아이의 힘을 보여줄 수 있도록 도와주었어요.

박사님은 더그와 처음 사랑에 빠졌을 때 우리가 함께 시작했던 모든 것들을 되찾게 해주었어요. 그리고 그때 내게 있었던 부드러움까지도 다시 주었어요. 내 무릎 위로 기어오르던 세 살배기 어린 시절처럼 나는 리처드와 매일 대화를 나눌 수 있거든요. 그 모든 것들이 우리를 따뜻하게 감싸주고 있답니다.

더그는 여전히 말이 없어요. 전보다 더 말수가 적어졌죠. 그이는 자신에 대해 표현하지 않는 편이에요. 하지만 크리스마스가 다가오던 어느 날, 그이가 방에 들어와서는 이렇게 말하는 거예요.

'이게 내가 당신에게 주는 최고의 선물이오, 마리. 당신에게 오늘 아침을 주겠소. 그리고 앞으로 모든 아침도 약속하오. 당신이 리처드

와 이야기를 나눌 수 있게 말이오.'

　정말 옳은 말이에요. 그이 덕분에 내 인생이 편안해졌고, 그래서 나는 리처드와 필요한 만큼 대화를 나눌 수 있게 되었어요.

　난 지금 쉰여섯 살이에요. 평생 동안을 여자이자 아내, 그리고 어머니가 되는 방법을 찾아왔지요. 그 퍼즐조각들을 존 그레이 박사님이 모아서 맞춰준 셈이에요.

　어쨌든 지금은 모든 게 다 잘 해결된 것 같아요.

　그런데 정말 재미있는 일이 있었어요. 어떤 친구에게 차를 한 대 사서 조지아에서 차를 몰고 돌아오는 중이었어요. 새 차에 존 그레이 박사님의 테이프를 넣어두었는데, 더그가 그 차를 몰고 가다가 그 테이프를 발견한 거예요. 그런데 그이는 테이프를 끄거나 카세트에서 꺼낼 줄도 몰랐어요.

　아홉 시간 동안이나 테이프는 계속해서 돌아갔어요. 듣고, 듣고 또 들을 수밖에 없었던 거죠. 그이는 조지아에서 플로리다까지 장장 아홉 시간 동안 존 그레이 박사님의 목소리만 듣게 되었지만 테이프를 끌 수가 없었어요. 뒤에서 운전하며 따라가고 있는 나로서는 더그가 어떻게 하고 있는지 도무지 상상이 가지 않았어요. 집에 돌아왔을 때 아홉 시간 반을 테이프에 갇혀 지낸 그이에게 들을 수 있었던 말은 아주 간단했어요. 1년 전 일이죠. 난 깜짝 놀랐어요. 요즘도 그날 일을 생각하면 소리 내어 크게 웃지요."

화성남자와 금성여자가 나누는 인사

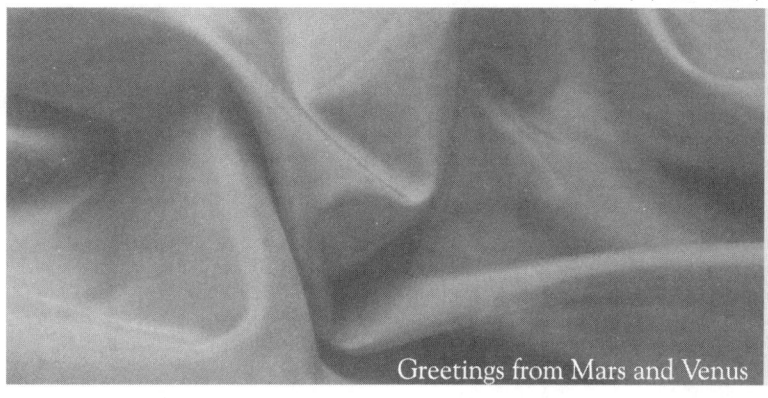

Greetings from Mars and Venus

여자들을 깎아내리고 지배하려는 음모가

남자들에게 없다는 것을 발견했어요.

 ## 화성남자와 금성여자가 나누는 인사
Greetings from Mars and Venus

　남자와 여자가 사랑을 주고받는 것이 서로 어떻게 다른가 하는 문제가 사랑하게 된 연인 사이에서 반복되는 주제라는 사실은 매우 중요한 문제다. 남자는 화성에서 왔고, 여자는 금성에서 왔다는 사실을 이해한다는 것은 어떤 남녀 사이에서든지 관계를 향상시키는 중요한 요소다. 만약 다른 행성에 가야 할 일이 생긴다면 당신은 분명 그곳의 언어와 문화, 전통에 대해 먼저 공부할 것이다. 이와 같은 중요한 정보가 없다면 다른 사람에게 당신의 무지를 반복해서 보이게 되어 아마도 인간관계조차 정상적으로 유지하기 힘들 것이다.
　금성인과 화성인이 지구에서 서로 사랑하고 평화롭게 살고 있다는 인사말을 성공적으로 전달하기 위해서, 우리는 상대방에게 진실로 필요한 것이 무엇인지를 먼저 이해해야 한다.
　누군가를 사랑할 때 대접받고자 하는 방식이 있다면 상대방을 당연히 그렇게 대접할 것이다. 이와 같은 사랑의 경향은 자신이 원하는 것과 사랑하는 연인이 원하는 것이 상반될 때 반비례한다. 사랑하는 관계에서 자신이 원하는 것을 사랑하는 사람에게 준다는 것은 자연스러운 일이다. 하지만 서로가 원하는 것이 모두 일치하진 않는다. 따라서 남녀가 서로 다르다는 사실을 명백하게 인식하고, 사랑하는 사람을 위해서 최선이라고 생각하는 것을 행동에 옮기는 대신 연인에 대해 배우고, 한편으로는 연인의 독특한 요구에 대해 알고 존중해주는 것이 중요하다.

사랑을 주고받는 방법에 대한 깊이 있는 이해가 뒷받침되지 않는다면 계속해서 실망과 좌절감을 느끼게 될 것이다. 본능적으로 자신에게 더 중요한 요구를 할 때 상대방에게 가장 중요한 것을 해야겠다는 생각을 잊어버리기 쉽다. 그러나 남자는 화성에서, 여자는 금성에서 왔다는 사실을 알게 되면, 남자는 여자로 하여금 자신이 특별한 존재이며 관심과 이해와 존중을 받고 있다고 느끼게 하는 것이 얼마나 중요한지 깨닫게 된다. 또 여자는 남자를 신뢰하고 인정하며 그에게 감사하는 것이 얼마나 중요한지 알게 된다. 남자들이 '내가 챙겨줄게'와 같은 어떤 일을 하는 데 초점을 맞추는 법을 배우는 동안, 여자들은 '고마워요'와 같은 방식으로 남자들이 한 일에 반응을 보이는 데 특히 강조를 두게 된다.

이러한 방법으로 성공적으로 사랑을 나눈 실례와 이야기들을 들어보면 감동적일 뿐만 아니라 상대방을 사랑할 수 있는 다양한 방법을 다시 한 번 생각해보게 된다.

그이는 내게 아주 특별한 감정을 갖게 했어요

데비는 처음부터 원만했던 결혼생활 이야기를 들려주었다.

"우리가 결혼하기 전에 스펜서가 우리 할머니께 전화를 했는데 할머니는 이렇게 말씀하셨죠.

'데비가 얼마나 특별한 앤지 자네는 모를 걸세. 얼마나 멋진 앤지 말이야……'

그러자 스펜서가 이렇게 말했어요.

'데비를 여왕님처럼 떠받들고 살겠습니다.'

그리고 그는 정말 그렇게 했답니다. 그이는 나를 특별한 존재로 여기게 해줍니다.

나는 전에 한 번 결혼한 적이 있어요. 말 그대로 최악의 남편이었죠. 전 남편은 달콤한 면도 있고 나름대로 괜찮았지만, 우리는 스펙트럼의 양끝에 있었어요. 생활의 모든 단면을 봐도 더 이상 멀어질래야 멀어질 수 없을 만큼 멀리 있었어요. 결혼식에 참석한 사람들이 우리가 언제까지 결혼생활을 유지할 것인가에 대해 내기를 했다는 말을 나중에야 듣게 되었죠. 모든 사람들이 1년 안에 우리가 헤어질 거라고 장담했다더군요.

이혼 후 나는 미국에서 가장 행복한 독신녀가 되었어요. 너무나 행복해서 밖으로 돌아다녔어요. 하지만 나처럼 독신생활을 즐기는 여자는 발견하지 못했습니다. 그들은 모두 비참한 생활을 하며 결혼을 원하고 있었어요. 난 단지 데이트 정도만 원했죠. 나는 시간적 여유가 무척 많았어요. 내가 만나는 남자들은 점점 더 멋있는 남자들로 바뀌고 있었죠. 일종의 곡예를 하는 기분이었어요. 만나는 남자마다 괜찮다 싶을 무렵 나와는 전혀 맞지 않는 한 남자를 만나게 되었어요. 나는 그이가 좋아졌고 내가 가질 수 있는 것 이상을 그이에게 원했지요. 그러다 구인광고를 내기로 마음먹었어요.

구인광고는 사람을 만날 수 있는 훌륭한 방법이죠. 무엇을 원하는지 말할 수 있고, 완벽하게 관리되고, 찾고 있는 것을 실제로 조정할 수 있으니까요. 나는 내가 무엇을 원하는지 알고 있었어요. 매주 토요일 밤과 일요일 오후, 그리고 한 해의 마지막 날 밤에 데이트할 수 있고, 결혼식이나 교회 행사, 장례식에 함께 가줄 수 있는 사람. 1주일에 주말 밤 하루 정도는 함께 지내면 좋겠죠.

<small>그이는 나와 결혼할 준비가 모두 되어 있다고 말했어요.
그이는 모든 시간을 헌신하기를 원했어요.</small>

그런데 스펜서와 만났을 때 그이는 나와 결혼할 준비가 모두 되어 있다고 말했어요. 그이는 모든 시간을 헌신하기를 원했어요. 그이는 결혼한 지 30년 만에 이혼했는데, 그때가 이혼한 지 1년 6개월이 될 즈음이었죠. 그이는 새롭게 결혼생활을 시작하고 싶어 했죠. 하지만 나는 그이의 의견을 받아들일 수가 없었어요. 그래서 나는 결혼을 원하지 않는다고 말했죠. 그이는 내가 그동안 마음이 바뀌었는지 보려고 잠시 마음을 떠보았다고 말했어요.

그 일로 나는 사기당한 느낌을 받았어요. 하지만 그이가 내 곁에 있어주기를 원한다는 것을 알았어요. 처음의 요구보다 그이가 더 많이 보고 싶었죠. 그이를 만나면서 아주 행복했어요. 결혼식이나 장례식에 갈 때마다 그이는 내가 설명해놓은 요구사항에 자신이 적합한지 물어보고 이를 훌륭하게 해냈으니까요.

나는 스펜서야말로 내가 결혼할 만한 남자라는 것을 곧 알았어요. 어떤 면에서는 부모님께 감사해야 할 거예요. 부모님은 불행한 결혼생활을 단지 '아이들 때문에' 이어오셨죠. 부모님이 우리에게 '크리스마스를 어떻게 보낼까' 하고 물으면 우리는 '각자 보내요!' 라고 대답하곤 했어요. 나는 부모님의 모습을 통해 첫 남편과 헤어져야겠다는 것을, 그 결혼이 원만치 못하리라는 것을 알았어요. 그리고 같은 이유로 스펜서와의 결혼이 내게 맞으리라는 것도 알게 되었지요. 모든 일이 순조롭게 이루어졌어요. 이런 결혼생활도 있으리라는 것은 상상도 못했어요. 이제까지 본 적이 없었으니까요. 하지만 이 생활이 '옳다' 는 것을 알았어요.

> 이런 결혼생활도 있으리라는 것은 상상도 못했어요.
> 이제까지 본 적이 없었으니까요. 하지만 이 생활이 '옳다' 는 것을 알았어요.

재미있는 일이죠. 많은 사람들이 존 그레이 박사님의 세미나에 참석하고 싶어합니다. 뭔가 해결해야 할 문제를 지니고 있기 때문이지요. 나 역시 박사님의 얘기를 들었을 때 세미나에 참석하고 싶다는 생각이 강하게 들었습니다. 스펜서와 나 사이에서 실제로 일어나는 일들에 대해 말하고 있었기 때문입니다. 그것을 통해 우리 사이에서 벌어지고 있는 문제의 원인을 알 수 있었습니다. 우리가 서로 다른 별나라에서 왔고, 다른 것은 이 남자만이 아니라 모든 남자들이라는 것을 깨닫게 해주었죠. 주제 역시 현실을 받아들이고 변화시키려고 애쓰지 말라는 것이었어요. 이렇게 받아들이다 보면 현실이 우리 성격에 맞게 적응해갈 것이라면서요. 그것이야말로 우리가 생각하고, 살면서 골몰해하며, 실행에 옮겨야 하는 것이지요. 현실을 받아들이는 것이 바로 우리가 해야 할 일이었습니다.

또 한 가지는 방법이었어요. 아마도 박사님이 말한 가장 중요한 의사소통 기술은 듣기일 거예요. 우리 남편에 대해 내가 갖고 있는 생각은 그냥 자연스럽게 들어주는 남자라는 점이죠. 그런 남자를 만났다는 건 내가 굉장히 운이 좋았다고 생각해요. 재미도 없고 평행선만 긋는 관계가 아닌 내 이야기를 관심있게 들어주는 남자를 만났다는 것 말이에요. 스펜서와 나는 한 배를 탄 거나 마찬가지죠.

그 대표적인 예가 그이가 나에게 사주고 싶어하는 것들을 적어서 지갑 속에 간직하고 있는 목록이에요. 날 기쁘게 해주기 위해서죠. 그이는 내가 하는 말을 들어주었어요. 그이에게 하는 말뿐 아니라 다른 사람에게 하는 말까지도요. 사소한 이야기 하나까지도 놓치지 않고 들었어요. 심지어 잊어버리지 않으려고 적어두기까지 할 정도였어요.

'정말 예쁜 머리핀을 보았어요. 어느 가게에서 파는 근사한 핀이에요.' 라든가 '저 노래가 마음에 들어요' 라고 내가 말하면 그이는 '가게에 있는 핀'과 같은 제목을 붙여서 적어두는 거예요. 그이는 항상 나를 깜짝 놀라게 하는 동시에 기쁘게 해줘요. 메모 같은 특별한 것들로 말이죠. 그래서 나는 말을 아주 조심하게 되죠.

그이는 사소한 이야기 하나까지도 놓치지 않고 들었어요.
심지어 잊어버리지 않으려고 적어두기까지 할 정도였어요.

또 그이는 내가 기분 상했던 일도 들어줘요. 요즘 내가 싫어했던 것이 하나 있는데, 침대에 있는 빵이나 과자 부스러기 같은 것들이었어요. 그래서 그이는 작은 솔을 하나 사서 자기 옆에 걸어두었지요. 그이는 사려 깊고 낭만적이고 상대방의 말을 들어줄 뿐만 아니라 행동으로 듣고 있다는 사실을 보여주고 있답니다.

또 우리는 자전거 타기, 도보여행, 게임 같은 것들을 함께 해요. 그러니 재미있는 일도 많은데다 둘 다 실컷 웃기를 좋아해서 서로를 웃게 만들 수 있는 방법을 찾으려고 노력해요. 우리는 낙관주의자에 속하는 편이지요. 그게 우리 생활에 많은 도움이 됩니다.

우리를 하나로 묶어주는 특별한 것이 있다면 감사를 표시하는 마음일 거예요. 예를 들면, 저녁식사 전에는 근사한 말을 하죠. 그 시간은 우리가 고마워하는 것에 대해 말할 수 있는 기회예요. 음식뿐만 아니라 서로에 대해서, 그리고 우리가 살고 있는 곳이나 도움이 필요한 사람들을 도와줄 정도는 넉넉한 형편이라는 사실들에 대해서 말이에요. 우리는 1주일에 한 번씩은 자원봉사를 나가요. 무료식당에서 봉사도 하고, 지역사회에 보답할 수 있는 일들을 찾아서 하죠. 이런 일들을 우리가 함께 할 수 있는 즐거운 헌신으로 보고 있답니다. 어떤 면에서 보면 운이 좋은 거죠. 서로 시간을 내어 좋은 일도 하고, 또 그 일이 우리를 함께 묶어주는 데 도움이 되니까요. 함께 나눌 수 있는 이런 경험을 통해서 말입니다. 나는 매일 내게 찾아오는 축복을 헤아려보곤 하지요.

나는 우리의 미래가 어떻게 될지 모릅니다. 스펜서는 나보다 스무살 정도나 많아요. 그이는 직장에서 자꾸 밀려나고 있는 반면 나는 정상으로 치닫고 있죠. 그이는 나보다 여가시간이 더 많아지는 것을 깨닫고 있어요. 언젠가 현실로 나타날 일이죠. 그래도 나는 확신을 갖고 미래를 바라봅니다. 앞으로 15년 안에 우리가 어떻게 될지 잘 모르지만 적어도 그 일을 함께 맞이하리라는 것은 틀림없는 사실이죠.

스펜서가 나를 그토록 사랑한다는 사실을 감사한 마음으로 받아들이죠. 그 생각만으로도 난 주체할 수가 없어요. 마음이 너그러운 그이는 나를 위해 좋은 일을 하죠. 물론 나는 그이가 날 행복하게 해주려고 신경 쓰고 있다는 것을 알아요. 이는 나로 하여금 그이에게 너무 많은 것을 요구하지 않도록 주의하게 만들기도 합니다. 그저 그이가 나를 편안하게 해주려고 신경 쓴다는 것을 알고 있으면서도 말이에요. 존 그레이 박사님의 말씀대로 감사를 표시하는 것은 여자들에게는 당연한 일인 것 같아요. 그리고 박사님이 사람들에게 그러한 기술을 가르치고 있어서 무척 기뻐요.

그이가 나를 편안하게 해주려고 신경 쓴다는 것을 알아요.

나는 매일매일 내가 받은 축복을 헤아려보죠. 내가 가장 감사하는 것은 스펜서가 내 얘기를 들어준다는 겁니다.
매주 토요일과 일요일, 그리고 한 해의 마지막 날 밤에는 꼭 데이트가 있다는 것은 두말할 필요도 없고요!"

싸움을 하지 않을 수가 없었어요

셰리가 자신의 이야기를 털어놓았다.
"우리 부부는 결혼생활 카운슬러를 찾아다니는 중이었어요. 서로를 사랑하지 않아서가 아니라 싸움을 그만둘 수가 없었기 때문이지요. 더욱 한심스러운 건 사소한 일 때문에 싸운다는 사실이었어요. 대체로 불성실한 의사소통에서 비롯된 충돌이 많았지요. 상담학 석사학위를 갖고 있는 내가 어떻게 하기에도 어려운 문제였어요. 물론 내가 현명하게 처신해야 했지요. 그렇지만 중이 제 머리 못 깎는 법이잖아요.
상담을 통해서도 우리 관계는 나아지지 않았어요. 그러던 어느 날 카운슬러가 주말에 존 그레이 박사님의 책을 읽어오라고 숙제를 주었어요. 다음 주에 그 책으로 얘기를 나누자는 거였지요. 그러나 우리는 다음 주까지 기다릴 수 없었어요. 우리는 곧바로 책에 쓰여진 대로 대화를 해보기로 했어요.

우리는 '당신은 요즘 동굴에 있는 것 같은데, 그곳에서 나올 때가 되면 알려주세요.'라든가 '난 괜찮아. 그냥 동굴 안에 있는 것뿐이니까' 아니면 '계속해서 이야기해봐. 그게 금성 식인 걸 알아'라는 식으로 말하는 데 익숙해졌어요. 그로 인해 우리 생활이 얼마나 부드러워졌는지 놀랄 정도예요. 남녀가 각기 어떻게 반응하는가에 대한 아주 작은 통찰력만으로도 우리는 전에 하던 모든 말다툼을 그칠 수 있게 되었어요.

당신은 요즘 동굴에 있는 것 같은데,
그곳에서 나올 때가 되면 알려주세요.

지난여름에 우리 회사 사장님이 푸에르토리코에서 회의를 열었어요. 나에게 참석해달라는 부탁은 물론이고, 남편도 초대받았어요. 첫날 우리는 수상택시를 잡아타고 태양을 즐기기 위해 호젓한 섬으로 갔어요. 그런데 수상택시에서 내리는 몇몇 직장동료 부부와 만나게 되어 함께 섬을 둘러보기로 했죠. 여러 쌍이 함께 출발했어요. 정확히 말하면 남편 데이브만 빼고 출발했다고 해야겠죠.

데이브는 그냥 혼자서 거닐었어요. 일행보다 앞서가더니 다른 길로 가는 거예요. 잠시 나는 남편을 따라가 내 생각을 이야기해볼까 생각했어요. '직장동료들이 어떻게 생각하겠어요. 나하고 같이 다니고 싶어하지 않는구나, 그럴 거 아니에요. 당신, 정말 날 이렇게 난처하게 만들 거예요?' 하면서 말이죠.

하지만 그만두기로 했어요. 문득 그이가 동굴 속으로 들어갔다는 걸 깨달았거든요. 나는 그이를 혼자 있도록 내버려둬야겠다고 생각했어요. 아마 그이는 갑작스러운 일에 약간 당황해, 적응하기 위해 잠시 자신의 동굴 안에 있어야 했을 거예요. 가장 좋은 방법은 그이가 혼자 있도록 내가 도와줘야 하는 것이지요. 그러면 그이는 기분이 나아져서 돌아와 아주 멋진 행동을 보일 테고, 그렇게 되면 나 역시 자랑스럽게 우리 동료들에게 그이를 보여줄 수 있을 테니까요.

> 그이가 동굴 속으로 들어갔다는 것을 깨달은 나는
> 그이를 혼자 있도록 내버려둬야겠다고 생각했어요.

동료들과 함께 걸으면서 나는 박사님의 책 내용과 그 책이 우리 생활을 얼마나 바꿔놓았는지에 대해 이야기했어요. 남자들 가운데 한 명이 내가 데이브를 혼자 있도록 한 것은 잘한 일이며, 자기였더라도 그래 주기를 바랐을 거라고 내 결정에 동의를 표하더군요. 나는 그냥 고개만 끄덕였어요. 좀 우쭐한 느낌이 들었죠. 화성인으로서 그 남자 역시 내가 마침내 이해한 것을 알고 있음을 깨달았으니까요.

이런 간단한 행동 하나가 우리 여행에 신뢰와 믿음, 자유, 통찰력 같은 중대한 변화를 가져온 셈이죠. 데이브는 우리 일행이 돌아왔을 때 모임에 어울렸어요. 남은 여행은 마치 환상의 섬에 온 기분이 들었어요. 전혀 싸우지도 않았죠.

남자들 가운데 한 명이 내가 데이브를 혼자 있도록 한 것은 잘한 일이며, 자기였더라도 그래 주기를 바랐을 거라고 말하더군요.

요즘도 우리는 박사님의 책에 대해 얘기를 나누죠. 아예 일상 대화의 한 부분이 되어버렸어요. 우리 주위의 친구들도 그 책을 모두 읽어보았어요. 그래서 우린 모두 기본적인 공감대를 형성하고 있어 이야기하기도 편해요.

지난 주말 친구와 하루종일 쇼핑을 하러 다녔는데, 데이브가 내게 이렇게 말하는 거예요.

'그게 다 금성 식이니까 계속 해보라고. 있고 싶을 때까지 나갔다 와. 난 당신이 돌아올 때까지 집에 있을 테니까.'

어떤 여자가 그 이상을 바라겠어요!"

섹스와 애정

앨리스는 자신의 성생활에 대해 말했다.

"남편 앤드류는 우직하고 과묵한 편이에요. 자기 감정을 표현하는 것을 아주 어려워하죠. 그 점이 늘 나를 힘들게 했어요. 그러다 보니 그이와 잠자리를 함께 하고 싶지도 않았어요. 난 섹스를 하고 싶은 마음이 일어나고 이에 몰입하기 위해선 애정이 많이 필요한 편이에요. 내 매력에 대한 확인도 필요하고요. 하지만 나는 과묵한 화성인들을 이해하지 못했기 때문에 절망했지요.

　선생님의 세미나 테이프를 듣고 나서 나는 내게 필요한 사랑과 관심을 얻을 수 있음을 발견했어요. 그이는 내가 원하는 애정을 갖고 있으며, 단지 산의 반대편에 있을 뿐임을 알게 된 것이지요. 사랑의 나눔이라는 산 말이에요.

　나는 이제 이 모든 것을 신기한 모험으로 보고 있어요. 산의 정상에 오를 때까지 요구사항들을 삼가야 하는 여행 말이에요. 물론 섹스 후에 남편은 부드럽고 따뜻하고 다정다감해졌어요. 아주 딴 사람이 되어버린 거 있죠. '당신은 근사한 연인이야!'라든가 '당신 너무 아름다워!'라고 나를 기분 좋게 하는 말도 할 줄 알게 되었죠. 그이는 나를 안아 등을 어루만지기도 하고 서로 꼭 껴안은 채 눈을 뜨고 이야기를 나누기도 하죠.

　산의 정상에 오를 때까지는 요구사항들을 삼가야 해요.

　이 모든 것들을 잊지 못할 거예요. 내 상상 속의 배낭에 이들을 간직해두면 다음 번 산에 오를 때 그 생각이 나겠죠!
　여자들이 좋아하는 다양성에 대해서도 선생님을 통해 배웠어요. 나는 가끔 그이가 커다란 황금새장 안에 갇혀 있는 듯한 느낌을 받아요. 우리의 사랑 만들기가 그이를 자유롭게 만드는 데 필요한 열쇠죠. 그게 해결책이라니까요!
　이제 나는 능력 있는 섹스파트너예요. 우리가 원하는 것과 반응하는 것이 어떻게 다른지 알게 되었으니까요."

마침내 사랑을 찾았어요

빅토리아가 자신의 이야기를 털어놓았다.

"나는 서른여섯 살이고, 남편 에드워드는 마흔여섯 살이에요. 그이는 내 두 번째 남편이지요. 난 그이의 세 번째 부인이고요. 우리 두 사람 사이에는 아픈 경험도 많았어요. 하지만 우린 마침내 사랑을 찾았어요.

나는 전 남편이 나름대로 날 사랑했다는 걸 알아요. 하지만 그에게 나는 항상 두 번째였어요. 그는 친구를 더 소중하게 여겼어요. 내가 간절히 그의 사랑과 관심을 원할 때면 그는 내 요구를 불합리한 것으로 여겼어요. 우리 사이의 문제를 해결하기 위해 정신과 상담의를 찾고 나서 나는 그의 곁을 떠나야겠다는 비약적인 발전을 하게 되었죠. 나는 내가 딛은 걸음을 결코 후회하지 않았어요. 결코 뒤돌아보지도 않았고요.

에드워드를 처음 만났을 때 머릿속에 가장 마지막으로 떠오른 건 또 다른 관계였어요. 그이가 남아프리카에서 잠시 들렀을 때 친구들이 우리 둘을 소개시켜주었죠. 나는 경계했어요. 그이에게는 남아프리카에 여자친구가 있었으니까요. 그러나 그이가 돌아간 후에도 우리는 전화 통화를 했어요. 그리고 여자친구와의 관계가 점점 소원해지기 시작했을 때 그이는 비행기를 타고 내게 날아왔어요.

　금방 뜻이 맞지 않으리라는 것은 우리도 잘 알고 있었어요. 하지만 1년 후 에드워드가 날 찾아왔을 때 모든 게 뒤바뀌었어요. 그 당시 나는 선생님의 책을 읽고 있었는데, 그이도 얼마 전에 그 책을 읽었다고 하더군요. 뭔가 설명할 수 없고, 믿을 수 없고, 피할 수 없는 일이 우리 사이에서 일어나고 있었어요. 우리는 두 개의 큰 파도가 되어 세차게 밀려가고 있었어요. 우리는 모든 준비가 되어 있었고, 시간상으로도 그보다 더 좋을 수가 없었죠. 그 순간부터 우리는 뗄래야 뗄 수 없는 사이가 되었습니다.

　내 생각에는 처음부터 서둘러 사랑에 빠지지 않은 것이 상당히 도움이 된 것 같아요. 우리는 천천히 서로의 사랑을 받아들였어요. 친구가 되고 지속적인 관계를 위한 기초를 쌓아갔죠. 그러다가 서로 공통점이 많다는 사실도 알게 되었어요. 매우 놀라운 사실이었어요. 그이는 여성들에게 인기가 대단했어요. 진실하고 친절하며 따뜻하고, 정직하며 섬세하면서도 강인한 사람이었어요. 뿐만 아니라 상대방을 챙길 줄 알고, 매너도 좋고 매력적이며 재미있고 다정하면서도 고리타분하지도 않고……. 아무리 열거해도 끝이 없을 정도였어요.

　　그이는 동등한 동반자로 나를 존중해주었어요.

　그이는 동등한 동반자로 나를 존중해주었어요. 우리는 같이 있을 때면 항상 손을 잡고, 서로가 원할 때마다 다정스럽게 포옹하고, 무엇에 대해서나 얘기를 나눕니다. 우리는 주어진 모든 순간을 함께 나누고 소중하게 대하려고 노력해요. 서로가 바라는 것과 원하는 것, 간절히 필요로 하는 것이 있을 때 서로가 귀기울여준다는 사실이 많은 도움이 된 셈이지요.

에드워드가 바라는 게 있다면 내가 시간 있을 때마다 '당신을 보니 행복해요' 하는 인사와 함께 따뜻하게 포옹해주며 현관문 앞에서 그이를 맞아주는 거죠. 하루 일과나 여행을 마치고 돌아온 그이를 맞이하는 일은 내게도 기쁜 일이에요. 게다가 내가 그이의 소망을 채워줄 수 있으니 그이뿐만 아니라 내게도 기쁜 일이죠. 서로에 대한 우리의 사랑은 매일매일 커져가는 조건 없는 사랑입니다.

내가 그이에 대해 하는 말이 너무 근사해서 쉽게 믿어지지 않을지도 모릅니다. 어쨌든 그이는 아주 심플하고 현실적이고 친절하며, 많은 사랑과 관심을 주고, 똑같은 방식으로 받아들이는, 매너가 좋은 친구예요. 아직 우리에게 위기가 없다고는 말할 수 없어요. 다른 사람들처럼 우리도 여전히 싸웁니다. 언성을 높이기도 하는데, 바로 그 순간만큼은 서로 좋아하지 않는 것 같아요. 가끔 그이가 자기 동굴에서 지내는 동안 내가 화를 낼 때도 있어요. 하지만 오랫동안 화를 내거나 투덜대진 않습니다. 우리의 사랑은 어떤 의견충돌보다도 더 굳건하다는 것을 기억하면 금세 차분하게 가라앉죠.

결혼하고 4년이 지났는데, 지금 임신한 지 6개월째예요. 나처럼 임신한 여자들은 어느 때보다도 더욱 사랑받고 싶어하고, 보살핌 받고 싶어하며 세심한 데까지 신경 써주기를 원하죠. 에드워드는 만족스러울 정도로 잘해줘요. 그이는 내 배를 어루만지며 뱃속의 아기에게 말을 걸곤 한답니다. 며칠 전에는 아이가 세상에 태어나면 밤에 우유를 먹이는 동안 아이에게 더 쉽게 다가갈 수 있도록 가구를 옮기고 싶다고 제안했어요. 아마 그이는 훌륭한 아버지가 될 거예요. 그이는 서슴지 않고 청소도 하고, 설거지도 하고, 기저귀도 갈아줄 거예요. 엄마가 된다는 사실에 내가 예민해진다고 해도 에드워드는 모든 게 다 잘될 거라고 나를 안심시켜줄 거예요.

> 나처럼 임신한 여자들은 어느 때보다도 더욱 사랑받고 싶어하고,
> 보살핌 받고 싶어하며 세심한 데까지 신경 써주기를 원하죠.

우리는 정말 축복받은 사람들이에요. 서로를 발견했고, 우리 중 누구도 갖지 못했던 행복과 사랑을 발견했으니까요. '보지 못하는 자는 발견하지도 못한다'는 말이 있죠. 마음을 열고 눈과 귀를 열어두면 누구든 찾을 수 있을 거예요."

화성남자 대 금성여자의 고전적인 딜레마

바바라는 자신의 결혼생활에 찾아온 변화에 대해 이야기했다.
"로저와 나는 3년 전에 결혼했어요. 우리의 생활은 근사했고, 만족스럽고, 편안했죠. 하지만 항상 그런 것은 아니었어요. 존 그레이

박사님을 알기 전에는 자주 티격태격했어요. 나는 그이가 진심으로 내 말을 들어준다고 생각하지 않았고, 그이는 내가 행복해하지 않는다고 느꼈어요. 아주 고전적인 화성남자 대 금성여자의 딜레마였죠.

나는 그냥 그이에게 앉아서 이야기해보라는 정도로 우리 사이의 불화를 조정해보려고 했어요. 가끔 그런 식으로 밤늦게까지 대화를 할 때도 있었죠. 새벽 두세 시까지 말이에요. 결국 난 내가 시빗거리를 찾고 있었으며, 그래서 그이는 나와 얘기를 나눠보려고 했음을 알게 되었죠. 드디어 그이가 나에게 끊임없는 관심을 갖게 하는 데 성공했어요. 그와 동시에 내가 계산에 넣지 않았던 것도 얻게 되었어요. 그이의 분노를 사게 된 거예요.

> 나는 그냥 그이에게 앉아서 이야기해보라는 정도로
> 우리 사이의 불화를 조정해보려고 했어요.

점차 나는 별로 중요하지 않은 일로 말다툼을 하는 건 백해무익하다는 것을 깨닫게 되었죠. 대화가 끝나면 그이는 더 많은 시간을 동굴 속에 처박혀 있곤 했으니까요. 마침내 이야기할 기회가 생겼다 싶어 기분이 좋아진 나는 '마음속에 있는 모든 것들을 쏟아내야지' 하고 마음먹었는데, 그로 인해 그이는 좌절감을 느끼게 되었어요.

로저는 내가 지닌 모든 감정에 대해 책임감을 느꼈어요. 그래서 나에게 모든 신경을 쏟고 싶어했죠. 하지만 나는 신경을 쏟는 대상이 되는 데 만족할 수 없었어요. 내가 원하는 것은 그이가 그저 들어줬으면 하는 것이었어요. 우리에겐 고전적인 '신경 쓰기와 그저 들어주기'라는 문제가 있었기 때문에 이런 말다툼의 와중에서 아무것도 이루어낸 게 없었죠.

이런 식의 관계가 3년동안 계속되었어요. 내가 박사님의 책을 읽고 남녀간에는 근본적인 차이가 있다는 것을 이해하기 전까지는 말이에요. 나는 로저에게 오디오테이프도 듣고, 비디오테이프도 보라고 권했어요. 그러고 나서야 우리는 서로를 다르게 대하기 시작했어요. 서로가 다르다는 사실을 받아들이기 시작한 거죠.

이제 그이가 화성인적 방식을 완고하게 고수한다는 느낌이 들면 나는 둘째손가락과 가운뎃손가락을 펴서 V자를 만든 다음 내 머리 뒤에 갖다대죠. 머리를 솟아 보이게 말이에요. 그리고 손가락을 약간 구부리기도 하면서 그이가 다시 '내가 좋아하는 화성인'이 되고 있음을 유머러스하게 나타내죠.

> 그이가 다시 '내가 좋아하는 화성인'이 되고 있음을 유머러스하게 나타내죠.

이제 우리는 언쟁을 시작했던 상황에 대해 부담 없이 농담하며 웃어넘길 수 있게 되었어요. 우리의 관계는 눈부시게 향상되었죠. 나는 이제 '화성인에게는 자신만의 공간이 필요하다. 그 동굴은 금성인에게는 출입금지 구역이다. 마음의 준비가 되면 스스로 걸어나올 것이다'라는 사실을 이해하게 되었어요. 그리고 그이도 '금성인은 이야기하고, 또 하고, 반복해서 또 이야기하고 싶어한다. 그녀가 좋아하는 화성인은 이야기를 들어줘야 하지만, 그녀에게 신경을 온통 쏟아부을 필요까지는 없다' 라는 사실을 이해하게 되었죠.

우리는 돈이나 자녀, 섹스, 직장일, 그리고 함께 보내기 등등에 대해 서로 다른 생각을 해도 상관없다는 것을 받아들이게 되었어요. 만약 우리가 서로 다르다는 사실을 받아들여야 한다는 것을 잊지 않는다면 우리는 상대방이 고집불통에 완고하고 의견도 맞지 않는 존재만은 아니며, 단지 다른 행성에서 왔을 뿐임을 이해할 수 있을 겁니다.

> 우리는 상대방이 고집불통에 완고하고 의견도 맞지 않는 존재만은 아니며
> 단지 다른 행성에서 왔을 뿐임을 이해할 수 있을 겁니다.

예를 들면 크리스마스가 되면 로저는 마지막 순간까지 기다렸다가 선물을 주죠. 나는 미리 계획 세우기를 좋아하고요. 이런 차이 때문에도 많은 마찰이 생겼어요. 나는 그이의 습관을 바꿔보려고 애썼고, 그이는 내게 반발했죠. 하지만 지금은 그이를 그냥 화성인으로 놔두죠. 그이가 뒷짐지고 벽에 서 있는 동안 내가 얼마나 쇼핑을 많이 하는지 깜짝 놀랄 정도예요.

그이는 내가 차, 스테레오, 컴퓨터의 다양한 특성들에 흥미를 가져주기를 늘 바라죠. 하지만 이제는 그런 것을 강요하지 않아요. 내가 그이의 모든 것에 흥미를 갖는 것은 아니거든요. 우리는 서로에게 관심이 있고, 많은 일들을 함께 하고 서로 나누며 즐기는 데서 행복을 느낍니다.

무엇보다도 우리가 서로에게 해주는 가장 특별한 것은 각자가 자기 자신이 될 수 있도록 허용한다는 점이지요. 예를 들면 그이는 내가 장성한 아이들과 사랑하는 손자녀석들을 보기 위해 여행을 다녀야 한다는 것을 알고 있어요.

그이는 내가 자기에게서 멀리 떠나 여행하는 것을 싫어하죠. 나한테 무슨 일이라도 일어나지 않을까 걱정도 되니까요. 그런데도 내가 왜 그렇게 해야 하는지 이해하기 때문에 여행이나 다녀오라며 양보하죠.

또 나는 그이가 자기 일에 몰두하고 있거나 어떤 일에 매달려 있을 때 내 생각을 할 수 없다는 걸 알고 있어요. 이 일로 때론 화가 나기도 하고 내가 두 번째가 됐구나 하는 느낌도 들지만, 그래도 나는 자기 일에 헌신하는 그이의 모습이 사랑스럽고 존경스러워요. 가끔 날 미치게 할 때도 있지만요. 결국 나는 그이가 내게 돌아오리라는 것을 믿는 법을 배우게 됐어요. 힘껏 잡아당긴 고무줄처럼 그이는 퉁겨 나가다가 다시 제자리로 돌아올 거예요.

이제 대화는 우리가 할 수 있는 가장 훌륭한 수단입니다. '때를 맞출 줄 알아야 한다' 라는 말을 들었을 거예요. 어떤 일에 대해 언제 로저와 대화해야겠다 하는 시간을 선택하니까 훨씬 좋아요. 그이에게 물어보기 전에 먼저 그이가 동굴에 있도록 허용해주니까 정말 효과가 있더군요.

로저에게 이러이러한 것을 하라고 말하는 게 정말 바보 같은 짓이라는 것도 알게 되었지요. 어떤 식으로든 그이는 반발할 테니까요. 그래서 지시하고 명령하기보다는 부탁하는 어조로 해달라는 말을 사용해보았죠. 그러자 불가사의한 일이 일어났어요. '좀 도와주겠어요?' 라든가 '미안하지만 이것 좀 해줘요' 라는 말로 부탁하니까 '그래' 라는 대답을 듣는 횟수가 기가 막힐 정도로 늘어났어요.

그리고 그이가 좋아하는 활동을 하는 동안에는 자기 동굴에 틀어박혀 있다는 걸 깨닫게 되었어요. 텔레비전에서 스포츠 중계를 본다거나, 차고에서 무슨 수리를 한다거나, 영수증이나 회계장부에 생긴 문제로 계산을 해야 한다거나 하는 식으로 행성 주위에 자기 우주선을 떠올릴 때 말이에요. 이럴 때는 나하고 이야기하자고 요구하지 않고 광고시간이나 작업 중 휴식시간이 될 때까지 기다렸다가 그의 의견을 묻는다든지 해서 대화를 시작하죠.

로저와 결혼했을 때, 나는 그이가 나의 '모든 것' 이라고 생각했어요. 지금도 물론 그렇지만 말이에요. 그러나 결혼의 동반자가 할 일은 내 인생에 '모든 것' 을 제공해주는 것이 아니라는 것을 알게 되었어요. 내 요구를 충족시키는 것은 내가 할 일이죠. 그이의 요구를 충족시키는 일이 그이 몫이듯이요.

서로가 선천적이고 고유한 차이를 이해함으로써 로저가 나에게 모든 것이 되어주리라는 기대는 어리석은 생각이었다는 것이 아주 명백해졌답니다. 그런데 그이가 그 모든 것을 제공해주리라고 기대했으니 그이의 어깨가 얼마나 무거웠겠어요!

결혼의 동반자가 할 일은 내 인생에 '모든 것' 을 제공해주는 것이 아니에요.

다른 행성에서 온 누군가와 함께 산다는 것은 끊임없는 도전이지요. 우리는 날마다 대화하는 방식 속에서 신선하고 새로운 도전을 받게 됩니다. 유머감각을 잃지 않고 서로의 차이를 예리하게 기억하며, 인생을 너무 심각하게 받아들이지 않도록 노력하는 것이 건강하고 행복한 결혼생활의 열쇠지요.

멋쟁이 내 남편 이야기에서 빼놓을 수 없는 게 한 가지 있어요. 진정한 화성인 스타일로 말하면 아주 간단명료하지요. 이제 로저는 '가장 중요하게 명심해둘 것은 우리가 서로 많이 다르다는 거요'라고 말합니다."

함께 지낸다는 것

아드리안이 자신의 사랑 이야기를 전해주었다.

"숀과 내가 20여 년 동안의 결혼생활을 돌아보면, 다른 부부들이라면 분명 참기 힘든 시간이었을 거라는 생각이 들어요. 숀의 부모님은 결혼하여 45년간을 해로하며 사셨어요. 그런데 우리 부모님은 내가 겨우 열 살 때 이혼하셨지요. 우리 가족사에 기초해보면 우리 부부의 결혼생활이 장기간 유지될 확률은 반반이었죠. 그런데 어떻게 계속 함께 지낼 수 있었는지 궁금하실 거예요.

우리 부부의 역사를 간단하게 말씀드려야 할 것 같군요. 숀과 나는 대학교에서 처음 만났어요. 그때 난 열여덟 살이었고 그이는 스무 살이었죠. 나는 특수교육을 전공하고 있었고, 그이는 연극을 전공하면서 매스커뮤니케이션을 부전공으로 공부하고 있었어요. 우리는 대학 극장에서 만났지요. 나도 연기에 관심이 있었기 때문에 우린 쉽게 친구가 되었어요.

나는 그게 우리의 로맨스를 성공적으로 이끈 첫 열쇠였다고 믿어요. 연인이 되기 전에 친구였다는 사실 말이에요. 나는 숀을 신뢰했고, 숀은 나를 신뢰했죠. 나는 그이 친구들과 모두 데이트를 해보고 난 후에야 내가 자기를 주목할 때까지 그이가 기다리고 있었다는 사실을 알게 되었어요.

숀과 사랑에 빠지기 전에 나는 여러 남자와 사귀어봐야겠다고 생각했어요. 남자들이란 믿을 게 못 되고 그저 섹스를 즐기고 싶어할 뿐이라고 생각했거든요. 젊은 시절에 가질 수 있는 낭만적인 생각들은 나쁜 경험들에 의해 밀려나버렸기 때문이지요. 숀이 나에게 키스한 것은 내가 열아홉 살 때였어요. 사람들이 모두 보는 앞에서 말이에요. 기숙사 건물 옆 사람들이 붐비는 길모퉁이였거든요. 그때 나는 내가 그이를 사랑한다는 것을 깨닫고 깜짝 놀랐어요.

키스 후에도 그이는 날 침대 속으로 밀어넣으려고 서두르지 않았어요. 그 점 때문에 그이를 사랑하게 되었어요. 사실은 우리가 사귄지 얼마 안 되어 저녁에 그이를 초대한 건 바로 나였어요. 연인으로서 그이는 다정다감하고 낭만적이며 섹시했죠. 내가 스무 살이 되고 그이가 스물두 살이 되었을 때 우린 결혼했어요.

키스 후에도 그이는 날 침대 속으로 밀어넣으려고 서두르지 않았어요. 그 점 때문에 그이를 사랑하게 되었어요.

지금 숀은 마흔두 살이고 나는 마흔 살이에요. 우리 아이들도 모두 장성했어요. 나는 몬테소리 교사로 일하고 있고, 숀은 무대감독 겸 제작감독과 시나리오를 쓰는 자유기고가를 겸하고 있죠. 해를 거듭할수록 우리 부부의 사랑은 더욱 깊고 풍성해져가고 있습니다. 우리에게 시련과 도전이 닥칠 때마다 우리는 더욱 강해졌지요.

숀이 연극 일로 저녁시간 동안 나가 있을 때 서로에 대해 강한 신뢰가 없었더라면 우리는 결코 그것을 극복하지 못했을 거예요. 친구들과 외출도 하면서 나는 집에서 남편이 오기만을 기다리며 안달하지 않으려고 노력했어요. 우리 경우에는 늘 같이 있지 않음으로 해서 마음속의 애정을 더욱 키워나갈 수 있었죠.

그동안 서로 떨어져 지냈던 때도 있었어요. 힘든 시기를 거치면서도 우리는 잘 버텨냈죠. 아들과 문제가 생겼을 때는 정신과 의사의 상담을 받기도 했어요.

우리는 혼자 극복하는 책도 읽고 친구들과 이야기도 하면서 자신이 맡은 부분을 깨닫고 일을 해결해나가는 데 시간을 아끼지 않았죠. 힘든 일이 닥칠 때는 유머가 중요한 양념이 되기도 했어요. 계속 노력하려는 인내심은 물론이고요.

오늘 우리는 서로를 바라보며 젊었을 때보다 훨씬 더 사랑한다는 것을 깨닫게 됩니다. 서로를 잘 알아감에 따라 성생활도 새롭고 흥미로운 영역으로 넓혀졌죠.

똑같은 이유에서 가슴 설레는 신비감과 누군가를 아무리 잘 알고 있다고 해도 그 사람에게 깜짝 놀랄 무언가가 있을 수도 있다는 인식이 아직도 남아 있답니다.

작은 일에서 점수를 따죠.

작은 일에서 내가 점수를 따고 있다는 것을 숀도 잘 알고 있어요. 우리는 신문도 같이 보고 세상 돌아가는 일에 대해서도 이야기를 나누죠. 선거기간이 되면 정치적 이슈들에 대해 견해를 나누고 투표소로 함께 갑니다. 숀은 큰 소리로 소설이나 시를 읽어주는데, 난 그게 무척 좋아요.

우린 함께 산책도 하고, 등도 긁어주고, 발바닥을 간질이기도 하죠. 또 미술 전시회나 연극, 영화, 콘서트, 박물관, 하이킹, 그리고 캠핑도 자주 다녀요. 여행을 자주 다니진 못하지만 일단 떠나게 되면 함께 가게 될 곳에 대해 공부도 합니다. 숀이 우리가 갈 곳에 관한 이야기를 읽어주곤 하죠.

서로 일하는 분야에 대해서도 항상 도와주고 격려해주죠. 숀이 내 의견을 듣고 싶어하면 나는 그이가 쓴 광고카피를 들어줘요. 그이가 참여한 쇼는 하나도 빼놓지 않고 다 보죠. 그이도 내가 가르치는 학생들이 하는 자그마한 공연에 항상 찾아오죠. 가끔은 그이가 공연에 부분적으로 참여할 때도 있어요. 예를 들면 그이가 이야기책을 읽어주는 동안 딸아이와 나는 축제 때의 특별공연을 위한 강아지 그림자 역을 하죠.

내가 부탁한다면 그이는 나 대신 학급신문을 읽고 수정도 해줄 거예요. 그이는 큰 행사를 끝내고 난 후 교실청소를 도와주기도 하고, 학교기금모임 행사에도 적극적으로 참여합니다.

우리는 대화를 나누는 최고의 시간이 쉬고 있을 때라는 것을 알게 되었어요. 일을 마치고 문 안으로 걸어 들어오는 순간이나 마감으로 피곤하고 지쳤을 때는 아니죠. 우리는 서로에게 일을 해결하는 데 필요한 공간을 줍니다. 손에게 그만의 '동굴 시간'을 주어야 한다는 것을 알았기 때문이에요.

서로에게 필요한 것을 짐작하지 않고 있는 그대로 부탁하면서 우리 사이는 훨씬 좋아졌어요. '이것 좀 해요' 대신 '해줄 수 있겠어요?' 라는 표현으로 부탁해야 한다는 것을 명심하는 데는 시간이 꽤 걸리죠. 별것 아니지만 그이는 그런 것에도 고마워했어요.

각자의 일로 서로에게 관심을 보여줄 수 없을 때는 서로에게 쪽지를 쓰죠. 이 방법을 쓰니까 서로에게는 물론, 아이들에게 일어나는 일까지도 놓치는 법이 없더군요.

삶이 주는 도전에 부딪힐 때마다 우리는 함께 대처하는 법을 계속 배워나갑니다. 얼마 후면 아이들이 모두 떠나게 되어 집에는 우리 부부만 남게 될 겁니다. 딸아이는 고3인데, 대학에 진학하기까지 마지막 남은 올해가 우리에게는 매우 귀중한 시간이에요. 뿐만 아니라 숀의 실직에도 대비해야 하고, 그에 따르는 예상치 못한 사건들도 감수해야 해요. 하지만 우리는 이 시기도 잘 극복해나갈 수 있을 거예요. 우리에게는 든든한 기반이 구축되어 있거든요."

신이 원하는 것을 알고 있어요

미치가 들려준 이야기다.

"서른여덟의 나이에 좋은 부부 사이로 지낼 수 없다면 차라리 혼자 사는 게 낫다는 생각을 하게 되었습니다. 오랫동안 사귄 남자도 있고 짧게 사귄 남자도 있었는데, 그때까지는 어떤 일에 어떤 미래가 있는지 훨씬 잘 말할 수 있었어요. 나는 사물을 보는 내 직관력을 확신했고, 내가 간절히 원하는 관계의 성격에 대해서도 분명히 알고 있었어요.

신뢰와 존경, 우정, 따스함과 사랑이 그것들이었죠. 그리고 함께 관계를 세워나갈 사람의 유형에 대한 느낌도 있었어요. 성숙하고 이지적이면서 솔선수범하고, 한결같고 열린 마음으로 새로운 생각을 펼칠 수 있는 사람, 건강하고 열성적이며 유머감각이 뛰어난 사람, 함께 있으면 즐거운 사람이었죠.

그때는 정말 내 인생에 자신이 있었어요. 내 인생으로 다가오는 사람이라면 누구나 내 삶을 향상시킬 수 있으리라고 생각했어요. 둘이서 서로의 삶을 향상시켜줄 거라고요. 그때는 내게 특별한 시기였고, 나는 내 안의 두 부분을 하나로 묶어가는 중이었죠. 감정과 지성

말이에요. 나는 나를 보완해줄 동반자에 대해 신중하게 생각해봤어요. 둘이서 함께 멋진 인생을 살아갈 사람 말이에요.

그때는 정말 내 인생에 자신이 있었어요.

그 좋은 시기에 여자친구와 함께 어느 화랑 개관식에 가게 되었어요. 그리고 그곳에서 프랭크를 만났어요. 그는 우리에게 걸어와 다정하게 대화를 나누었죠. 지금도 그때를 기억하고 있어요. 잠깐 대화를 나누었지만 아주 통찰력 있고 이지적이고 분별력 있는 사람이라고 느꼈죠. 옆에 있던 친구도 흥분하여 내게 이렇게 속삭였어요.

'이 남자야말로 너한테 완벽한 짝이야, 미치. 그 남자가 걸어올 때부터 난 너희 둘이 잘 어울리는 짝이 될 거라고 알아봤어.'

한편으로 나는 놀라면서도 프랭크와 계속 얘기를 나누었어요.

잠시 이야기를 나누고 각자 갈 길로 갔죠. 그런데 밖으로 나왔을 때 그이를 다시 만났어요. 나는 그이에게 친구들과 함께 재즈를 들으러 가는 길이라고 했어요.

그이는 나와 같이 가서 시간을 보냈고, 쇼가 끝난 뒤 말했어요.

'보름달이 떴군요. 잠시 해변을 거닐지 않겠습니까?'

그이가 보름달이 뜬 것을 알고 있다는 사실이 인상적이었어요.

그래서 우리는 해변을 걸었죠. 그이는 자기 이름과 전화번호를 적어주면서 '다시 만나기를 원한다면 전화 주시겠습니까?'라고 말하더군요. 지금껏 그렇게 말하는 남자는 없었어요. 나는 프랭크가 자신에게 진정으로 관심을 갖지 않는 사람 외에는 별로 관심을 두지 않는 성격이라 생각했어요. 누군가에게 연락하느냐 마느냐 하는 문제는 전적으로 내게 달렸죠! 갑자기 책임감이 느껴졌어요. 우리 두 사람의 관계가 내 손 안에 놓여졌으니까요. 잘 되지 않으면 어떻게 하나? 상황을 그런 측면에서 생각해보니까 신이 났어요.

내가 보기에 프랭크는 진실한 사람이었어요. 나는 내 인생에 진실한 사람이 다가오기를 기다리고 있었지요. 이 기회를 잡아야겠다고 결심하고 수화기를 들었어요. 우린 함께 만나기로 약속했고, 그때 이후로 지금까지 5년 동안 계속 만나고 있어요.

내게는 알리지 않은 채 프랭크는 존 그레이 박사님의 세미나에 참석하고 있었어요. 그이는 세미나를 아주 재미있게 들었던 모양이에요. 그러다가 박사님이 하와이에 온다는 소식을 들었는데, 프랭크는 카운슬러인 내 직업적인 면에서는 물론, 개인적으로도 박사님의 세미나에 참석하는 것은 즐거운 일이라고 생각했지요.

우리는 같이 세미나에 참석했어요. 그리고 그날 이후로 세미나가 있을 때마다 빼놓지 않고 참석했던 것 같아요. 처음에는 약간의 언쟁이 있었어요.

그래서 내가 한 번 더 노력해보자고 말했죠. 존 그레이 박사님의 기술을 시험해보자는 뜻이었어요. 대화에서 포옹까지 다양한 형태의 양식을 적용해보려고 최선을 다했어요.

포옹하면서 우리는 속상하고 화났던 마음을 풀었어요.

첫해에 우리 사이에서 가장 멋있었던 일은 몰두하면서 치유하는 것이었죠. 그냥 그이와 함께만 있어도 심도 있게 치유되는 느낌이었고 고향에 돌아온 느낌이 들기도 했어요. 나는 과연 올바른 동반자를 찾아가고 있는가에 대한 의문과 두려움, 그리고 상처가 남아 있었거든요. 그래서 처음 1년을 보내면서 우리는 편안한 마음으로 작은 행사에 함께 참석하고, 게임도 함께 즐기고, 음악도 듣고, 그밖에 많은 일들을 함께 해결해갔습니다. 그후 친구들도 다시 만나고 서로의 친구들 모임에도 함께 어울렸어요. 아주 멋진 신호라고 생각했죠.

우리 사이가 자연스럽게 발전되고 있는 게 매우 흥미로웠어요. 우리는 더 많은 헌신과 더 많은 따스함과 사랑을 향해 보조를 맞춰나갔어요. 그 가운데 끊임없이 넘쳐 흐르는 에너지를 느낄 수 있었지요. 나는 프랭크를 대단히 신뢰했어요.

전에 사귀었던 남자들한테는 그가 스스로의 인생을 감당할 수 있으리라는 신뢰가 생기지 않았어요. 그래서 내가 치유자가 되었다가, 교사도 되었다가, 엄마가 되기도 했어요.

그때는 정신이 하나도 없었어요. 하지만 프랭크는 자신에게 닥친 일은 처리할 수 있는 사람이라는 확신이 들었어요. 나는 한 남자를 사랑한다는 것은 그 사람을 믿고 받아들이는 것임을 알게 되었어요. 신뢰하는 것은 물론, 그를 받아들이고 허용하는 것을 배움으로써 나는 더욱 깊이 있게 수용할 수 있게 되었어요. 그이가 이 점에 대해 대단히 고마워한다는 것도 잘 알고 있죠.

자신을 올바로 알고 자신에 대한 확신 속에서 다른 사람과 만날 수 있다는 것만으로도 정말 기뻐요. 모든 사람들이 이런 느낌을 가질 수 있다면 더할 나위 없이 좋겠지만, 이런저런 문제로 사람들은 진정한 자신의 모습을 드러내놓고 보여주지 못합니다. 솔직한 모습으로 만나 자신이 괜찮은 사람이며 그대로 받아들여짐을 알게 된다면 아주 신나겠죠.

또한 서로를 받아들이는 일 외에도 공통의 언어와 공통의 사고틀을 발견하게 되었던 존 박사님의 세미나에 참석함으로써 우리 관계에 대해서도 어렵다거나 혼란스럽다거나 추상적으로 생각하지 않게 되었습니다. 우리는 서로를 아주 잘 이해할 수 있게 되었죠. 우리가 알게 된 지식들은 즉시 활용하고 행동으로 옮길 수 있었습니다.

> 우리는 공통의 언어와 사고틀을 발견하게 되었고, 우리 관계에 대해서도
> 어렵다거나 혼란스럽다거나 추상적으로 생각하지 않게 되었습니다.

나는 과거에 있었던 관계들을 돌이켜보면서 '남자들이 바라는 게 무엇인가?'에 대해 진지하게 생각해봤어요. 그리고 아무리 좋은 의도에서 잘해보려고 한 것이었다 해도 내가 잘못한 부분이 있었다는 사실을 알게 되었어요.

존 그레이 박사님으로부터 나는 남자와 여자가 원하는 게 각기 무엇이며, 남녀관계에서 중요한 게 무엇인지 분명히 알게 되었답니다. 나는 이 지식을 사생활뿐만 아니라 직업에도 적용시켜 보았습니다. 관계 속에서 하나하나 해결해나가는 것, 그것이 우리가 해온 것

들이죠. 프랭크와 내게 일어난 일에는 자연스러운 흐름이 있었기 때문에 나는 어떤 일이든 억지로 밀고 나간다거나 꾸며댈 필요를 느끼지 않습니다. 올바른 일이라면 올바른 시기에 풀리게 될 것임을 믿고 있기 때문이죠."

구속의 공포를 극복해야 한다

이번에는 프랭크가 자신의 입장에서 이야기했다.

"나는 스물한 살에 결혼했습니다. 그 아가씨는 열일곱 살이었고요. 호주 출신이었던 그녀는 결혼해서 이 나라에 정착하는 게 시급한 과제였습니다. 나는 떠밀려서 결혼한다는 느낌을 지울 수 없었습니다. 이게 아니다 싶었죠.

결혼을 하고 싶지 않았지만 내 스타일을 고집할 만큼 확신도 서지 않았습니다. 당연히 행복하지 못한 결혼생활이 되었습니다. 딸아이가 생후 3개월밖에 안 되었을 때, 나는 아내가 나와 가장 친한 친구와 깊은 관계를 맺고 있다는 사실을 알게 되었습니다. 나에겐 정말 끔찍한 시련이었고, 우리의 결혼생활은 돌이킬 수 없는 지경에 이르게 되었습니다.

그후 나는 떠밀려서 하는 결혼은 절대 하지 않겠다고 결심하게 되었습니다. 절대로……."

나는 떠밀려서 하는 결혼은 절대 하지 않겠다고 결심하게 되었습니다.

　20대와 30대를 거치면서 나는 다양한 애정생활을 경험했습니다. 때로 외롭기도 했지만 아주 매력적인 여자들과 데이트를 했고 사랑에도 빠졌습니다. 30대 중반에는 매우 재미있는 프랑스 아가씨와 동거도 했습니다. 촛불, 향기, 바흐의 아름다운 음악 등 연애하는 법에 통달한 아가씨였지요. 아주 재미있는 사람이었습니다. 우리는 정말로 근사한 시간을 보냈습니다. 어느 날, 저녁식사를 하는데 그녀가 내게 물었습니다.

　'우리 결혼하면 어떨까요?'

　순간 나는 포크를 내려놓았습니다. 그럴듯한 제안 같기도 했습니다. 그녀는 굉장한 여자였으니까요. 하지만 떠밀려서 하는 결혼은 절대로 하지 않겠다는 결심이 떠올랐습니다. 그래서 황홀했던 우리의 관계는 그것으로 끝나고 말았습니다.

　한 1년쯤 후 아주 매력적인 여자를 만났고, 함께 살기 시작했습니다. 아주 훌륭하고 단란한 관계였죠. 그녀는 내 딸의 양육도 도와주었습니다. 그런데 샌프란시스코에서 로맨틱한 휴가를 즐기던 즈음 그녀가 내게 똑같은 명제를 제시했습니다. 우리 두 사람 모두 결혼하고 싶어했지만 그녀가 결혼을 더욱 간절히 원했습니다. 일종의 생리학적 시계와도 같았습니다. 하지만 한편으로 내게는 아주 고통스러운 일이기도 했습니다. 나는 그녀와 그녀의 가족을 사랑했지만 내 신념을 따르기로 결심했습니다. 결국 우린 갈라서고 말았지요.

한동안 나는 아무것에도 얽매이지 않고 자유롭게 살겠다고 결심했습니다. 나는 내가 결혼을 원하지 않는다는 사실을 깨닫게 되었습니다. 아마 다른 여자에 대한 갈망이 있었기 때문이겠지요. 하지만 불성실한 사람이 되고 싶진 않았습니다. 그래서 1년 반쯤 일을 그만두고 인생을 즐겨보기로 결심했습니다. 바로 행동으로 옮겼죠. 정말 기막히게 즐거운 시간이었습니다. 친구들과도 아주 재미있게 보냈고 수없이 많은 아름다운 여자들과도 돌아다녔습니다.

그런데 믿어지지 않겠지만, 모든 게 비참하게 끝이 나버렸습니다. 젊고 아름다운 독일계 여자친구가 생겼는데, 어느 날 그녀가 나와 가장 친한 친구를 정말로 사랑한다고 고백하는 게 아니겠어요? 첫 번째 결혼의 반복이었습니다. 나는 어떻게 해야 할지 알 수 없었습니다. 그러한 상황이 도저히 납득되지 않았습니다.

얼마 후 어느 화랑 개관식에 갔는데, 그곳에서 미치를 만나게 되었습니다. 한참 동안 대화를 나눈 우리는 밖으로 나와 커피나 한 잔하기로 했습니다. 나는 그녀가 친구들을 만나기로 한 에스프레소 전문점으로 따라갔습니다. 장소를 옮기면서 이렇게 따뜻한 마음을 지닌 사랑스럽고 근사한 여자도 있구나 생각했습니다.

에스프레소전문점에서 미치는 할로윈 축제 때 찍은 사진을 몇 장 보여주었습니다. 그때 미치는 긴 드레스를 입고 있었는데, 사진 속의 그녀는 꼭 가리비껍질만한 브래지어에 가느다란 끈 한 줄만 달린 비키니 차림이었습니다. 그녀가 눈부신 몸매를 갖고 있다는 것을 나는 한눈에 알아봤습니다. 순간 그녀에게 강한 매력을 느꼈습니다. 그녀가 의도적으로 그런 것은 아니었지만, 난 그녀에게 다가갔습니다. 새삼스러울 정도로 매력적인 여인이었습니다.

솔직하게 말하면, 시인하고 싶지는 않았지만 내가 볼 때는 그것이 최초의 유혹이었습니다.

우리는 해변으로 내려가 한참 동안 키스를 했습니다. 나는 그녀에게 내 전화번호를 알려주었습니다. 그리고 '다시 만나고 싶다면 전화해주시오'라고 말하며 그녀의 손에 명함을 꼭 쥐어주었습니다. 이틀 뒤 그녀가 전화를 했고, 나는 그녀의 모든 생각과 느낌을 사로잡았다는 사실을 알게 되었습니다.

마흔을 바라보는 나이가 되니 언젠가 죽게 되리라는 것을 생각하게 되었고, 그러자 평생을 즐기기만 하면서 돌아다니는 홀아비 신세가 되고 싶진 않았습니다.

> 평생을 즐기기만 하면서 돌아다니는
> 홀아비 신세가 되고 싶지는 않았습니다.

미치는 사람을 편안하게 해주는 사람이었습니다. 그녀는 단란한 가정을 꾸릴 줄 알았고, 가식이라곤 찾아볼 수 없었습니다. 또한 사랑으로 모든 걸 감쌀 줄 알았고, 모든 면에서 편안하게 해주었습니다. 그리고 나와 마찬가지로 건강식을 선호했고, 주변을 아름답게 만드는 법도 알고 있었습니다. 소금광산 같은 골치 아픈 일과에서 벗어나 집으로 돌아오면 집안을 온통 촛불로 밝히고, 천상의 선율 같은 음악에,

내가 하는 일은 무엇이든 관심을 가져주는 사람과 함께 하는 게 나는 정말 좋았습니다.

또한 그녀에게는 내게 들려줄 자신의 이야기가 있었습니다. 그녀는 자연스럽게 둥지를 틀고 정착하게 된 겁니다. 게다가 그녀는 진정한 정신적 신념이 있었고 그에 대해 매우 진지했습니다. 그것은 우리의 관계가 단순히 '오늘 저녁 메뉴가 뭐야?' 아니면 '올해 당신의 수입은 얼마지?' 하는 수준 이상으로 발전해갈 수 있는 가능성을 갖고 있다는 의미입니다. 정신적 성숙이야말로 내가 남녀관계를 통해 추구해 온 명제였으니까요.

미치가 남을 돕는 일에 종사하고 있다는 사실도 마음에 들었습니다. 그녀는 항상 남을 도울 준비가 되어 있었고, 실제로 그렇게 하고 있었습니다. 그래서 사람들은 늘 그녀를 필요로 했습니다. 그런데 그녀는 아이를 갖고 싶어하는 마음이 전혀 없었습니다. 아이들을 좋아하고 아이들과 함께 노는 것을 좋아했지만 자신의 아이는 갖고 싶어하지 않는 것 같았습니다. 그러나 그 점은 내게 문제가 되지 않았습니다. 내게는 이미 제일 사랑하는 자식이 하나 있었으니까요.

미치를 존 그레이 박사님의 세미나에 소개시킨 뒤, 상황에 유연하게 대처하는 데 박사님의 방법을 이용했기 때문에 큰일이 터지는 경우는 없었습니다.

남녀가 서로 다르다는 점과, 그래서 사물을 보는 방식도 다르다는 점을 명심한 것도 도움이 되었습니다. 그녀에게 진정으로 필요한 것이 무엇이며, 그녀에게 중요한 것을 존중해줌으로써 그녀의 자존심을 지켜준 것도 내게는 도움이 되었습니다.

나는 미치가 아주 여성스러운 게 좋았습니다. 박사님의 강연 내용 가운데 걱정스러웠던 점이 있었는데, 남자들은 나이를 먹어가면서 여성스러워지게 마련이므로 남성다움을 간직하기 위해 주의해야 하며, 반면 여자들은 남성화되는 경향이 있으므로 여성다움을 잃지 않도록 노력해야 한다는 말이었습니다. 나는 별 문제 없지만 그녀가 걱정이 되어 그녀에게 말했습니다.

'나는 당신이 나이 들면서 늙은 남자처럼 되어갈까봐 두렵소. 절대 그런 일이 일어나지 않도록 우리 서로 노력합시다.'

당신이 나이 들면서 늙은 남자처럼 되어갈까봐 두렵소.
서로 노력합시다.

하지만 나는 여전히 오래된 명제를 지니고 있었습니다. 처음 우리가 만났을 때 나는 그녀에게 말했습니다.

'내게 결혼을 기대하지 마시오. 난 정말 결혼을 믿지 않소.'

하지만 그건 그녀에게도 문제가 되지 않았습니다. 그후로 우리는 결혼에 대해 단 한마디도 꺼내지 않았습니다.

우리가 함께 산 지 5년이 되었을 때 멀리 카우아이에 있는 계곡으로 캠핑을 가게 되었습니다. 내 기억에는 8월 20일, 바로 내 생일이었던 것 같습니다. 무슨 일이 일어날지 짐작조차 하지 못한 상태에서 우리는 그곳에서 만난 '무법자들'이라는 늙은 히피들과 함께 도보 여행을 하기로 했습니다.

　우리가 올라간 곳은 지금껏 본 적이 없는 아름다운 곳이었습니다. 가파른 절벽에 폭포들이 연이어 있었는데, 마치 에덴동산에 와 있는 것 같은 착각이 들 정도였습니다. 미치와 나는 제일 꼭대기에 있는 폭포까지 올라갔습니다. 우리를 비추는 햇살이 물빛과 어우러지고 폭포수의 파편들이 우리 주위로 튕기고 있었습니다. 그런데 아무런 사전 경고도 없이 내 머릿속에서 엉뚱한 생각이 떠오르는 것이었습니다. 내가 생각해도 정말 미친 생각이었지요. 미치에게 나와 결혼해달라고 말해야겠다는 생각이 들었지 뭡니까?

　전혀 부담이 느껴지지 않았습니다. 내가 가장 사랑하는 사람과 지금 이 순간 함께 있고, 오늘은 내 생일, 그리고 지상에서 가장 아름다운 장소라는 생각만 들 뿐이었습니다.

　하지만 어떻게 말해야 할지 좋은 생각이 떠오르지 않았습니다. 나는 3~4분 정도 아무 말도 못하고 속만 태우다가 결국 간신히 그녀에게 청혼했습니다.

　'당신, 지금 뭐라고 했나요?'

　그녀가 되물었기 때문에 나는 다시 말해야 했습니다.

　'물론이죠.' 미치가 말했습니다.

　그날 이후로 우리는 결혼 이야기를 꺼내지 않았습니다. 하지만 우리가 약혼했음을 알리는 크리스마스 편지 한 통을 보냈습니다. 아무 부담 없이 그와 같은 결정을 하고 나니 아주 기분이 좋았습니다. 운명적으로 우리는 영원히 함께 할 겁니다."

마음의 문을 열면서

카일의 이야기다.

"한 3~4년 전쯤인 것 같아요. 친구가 전화를 해서 이렇게 말했어요. '존 그레이라는 이름 들어봤어? 너하고 개리가 부부상담에 다녀왔다며? 내 생각에는 너희 두 사람에게 정말 도움이 될 것 같아서 말이야.'

그녀는 아주 흥미진진하게 일반적인 상담과 어떻게 다른지에 대해서 이야기해주었지요. 한참을 고민한 끝에 남편 개리에게 세미나에 같이 참석하자고 제안했어요. 그런데 그이는 '이번 일도 남자들 체면을 깎아내리는 모임이라면 난 아예 집을 나가버리고 말겠소!'라며 단호하게 나왔어요.

> 이번 일도 남자들 체면을 깎아내리는 모임이라면
> 난 아예 집을 나가버리고 말겠소.

나는 마음의 문을 열고 진지하게 귀를 기울였지만 박사님이 계속해서 여자들은 진정으로 보호받을 필요가 있다고 말하는 데는 의아한 생각이 들었어요. 여자로서 보호받는 것의 위력을 알지 못했던 나는 박사님께 항의했죠.

'우린 스스로 보호할 수 있어요! 우리도 그 정도 능력은 있다고요.'

세미나에 참석한 모든 여자들의 전폭적인 지지를 기대하면서 말이죠. 그러나 나는 이들의 희미한 응원소리를 들을 뿐이었어요.

　박사님은 부드러운 목소리로 사람들에게 내 셔츠를 보여주지 않겠느냐고 말했어요. 내 셔츠 가슴 부분에는 검정 글씨로 '똥개, 똥개, 똥개'라고 쓰여 있었어요. 사람들이 소리 내어 웃었죠. 그때 박사님은 내가 분명하게 발견할 수 있는 퍼즐의 중요한 부분을 끼워 맞추도록 도와주겠다고 말씀하셨어요. 박사님은 나의 여성적 속성의 일부가 억눌려 있어서 스스로가 보호받는 것을 허용하지 못한다고 하시더군요. 나는 내가 얼마나 많은 분노를 가슴속 상처더미 속에 담아두고 다녔는지 깨닫지 못했어요. 어릴 때 아버지에게 정신과 육체, 모든 면에서 학대를 받았거든요. 그리고 아버지의 보호를 전혀 받지 못했기 때문에 강직한 남성적 생존기술을 배웠던 거예요. 균형을 잃어버렸던 거죠.

　엄마 역시 아버지에게 학대받는 것을 옆에서 지켜보면서 내 행동이 아예 굳어버렸죠. 성인이 된 후에도 내 신념으로 남편의 직장 업무까지 관여했고, 그래선지 그이의 욕구는 충족되지 못하고 있었어요. 그이는 남성으로서의 자신을 인식할 수 없었죠. 무의식적이긴 했지만 나는 남자들에게서 남성적인 힘을 없애버리려고 했어요. 그래야만 내가 더 이상 다치지 않을 거라고 믿었거든요. 이 모든 것은 두려움 때문이었어요. 두려움 속에서는 사랑이 싹틀 수 없죠. 존 그레이 박사님은 내가 지니고 있는 이런 느낌을 극복할 수 있게 도와주셨어요. 계속적인 세미나와 워크숍 참석, 책과 테이프를 통해 나는 조금씩 변하기 시작했어요.

여성의 입장에서 볼 때 보호받는다는 것은 엄청난 선물이었어요. 내 영혼을 치유하는 경험이었으니까요. 이제 남편은 나를 위해 여러 가지 일을 도와주고 있어요. 나는 그이에게 내가 고마워하는 것을 진심으로 표현하죠.

감사의 표시를 많이 할수록 그이는 더욱 해주고 싶어해요. 그이는 요즘 날 위해 '수고'하죠. 모든 것을 다 내가 해야 하고 내게는 더 이상 상처받을 가능성이 남아 있지 않다고 느끼는 대신, 내가 보호받을 때 정말로 사랑받고 있다는 느낌을 갖게 됩니다. 보호받는 것을 허용하고 남편에 대한 믿음으로 방어본능을 접어두는 법을 배운 것이 그 열쇠지요.

> 모든 것을 다 내가 해야 하고
> 내게는 더 이상 상처받을 가능성이 남아 있지 않다고 느끼는 대신,
> 내가 보호받을 때 정말로 사랑받고 있다는 느낌을 갖게 됩니다.

남편을 신뢰하는 법을 배운 결과 나는 생활의 활력을 찾게 되었어요. 내가 그이에게 용기를 불어넣자 그이는 새로운 경지로 껑충 뛰어올랐고, 나는 그이를 더욱더 우러러보게 되었어요. 그이가 나를 사랑하고 있다는 확신을 주었기 때문에 내 자부심도 덩달아 높아지게 되었답니다. 나는 여성다움을 내 일부로 받아들이게 되었고, 마치 따스한 햇살이라도 되는 양 마음껏 음미할 수 있었지요. 이렇게까지 기분이 좋아지리라고는 미처 몰랐어요.

박사님이 가르쳐준 기본사항들은 우리 두 사람의 사랑을 키워나가는 데 도움이 되었어요.

나는 여자들을 깎아내리고 지배하려는 음모가 남자들에게 없다는 것을 발견했어요. 단지 남자와 여자의 요구사항이 각기 다르기 때문이라는 사실을 알게 되었죠. 우리는 이러한 차이점들을 기꺼이 발견하고 존중해주게 되었어요.

> 나는 여자들을 깎아내리고 지배하려는 음모가
> 남자들에게 없다는 것을 발견했어요.

개리의 '동굴에 있는 시간'을 허용하는 법을 내가 배우는 동안 개리는 박사님으로부터 해결책을 제시하기보다 내 말에 귀기울이는 법을 배웠어요. 그이의 말이, 이 부분이 가장 힘들었다더군요. 대답하는 게 그이의 몫이었기 때문에 귀기울이는 법을 처음 배울 때 그이는 실제로 손으로 입을 막고 앉아 있곤 했어요.

그이에게는 정말 힘든 일이었죠. 내게는 우스운 일이었지만요. 우리는 꾸준히 연습했어요. 이제 개리는 내가 마음속 깊은 곳에 있는 것을 털어놓으면 잠자코 들으면서 나를 편안하게 해줍니다. 내가 원하는 것을 그이가 지원해주고 알아줌으로써 나는 급속도로 최고의 절정에 다시 오르게 되었고, 그이가 귀기울여주었기 때문에 전보다 더 그이에게 사랑과 감사를 보내게 되었어요.

이제 나는 남자들뿐만 아니라 나 자신에 대해서도 더욱 잘 이해하게 되었어요. 마음의 벽을 허물고 개리를 받아들이면서 그이의 사랑을 있는 그대로 느낄 수 있었고, 내 사랑도 함께 나눌 수 있었지요. 우리에겐 그 어떤 것보다 뜻깊은 선물이 되었어요. 박사님의 세미나를 통해 얻은 깨달음을 함께 나눌 정도까지 되었다니 믿어지지 않아요."

새로운 출발

로버트의 이야기를 통해 우리가 갖고 있는 것에 대해 고마워해야겠다는 생각이 들었다.

"내가 도린을 만난 것은 1991년 우리 집 정원에서 열린 바비큐 파티에서였습니다. 이혼해서 혼자 산 지 10년쯤 되었을 때였지요. 쉰 살이었으니까 내가 이루어놓은 일들을 함께 누리고, 따스한 아침 햇살과 황홀한 석양을 함께 나눌 짝을 찾아야겠다고 마음의 준비를 할 때였습니다. 도린도 결혼해서 35년을 살았다는데, 끔찍하고 소름끼치는 결혼이었다고 말하더군요. 우리가 만났을 때 그녀는 이혼한 지 1년 정도 지났을 무렵이었습니다. '난 아직 우리 관계를 진전시킬 마음의 준비가 되어 있지 않아요.'라고 그녀가 말했습니다.

'좋아요, 난 참을성 있는 사람이니까.'

바비큐 파티가 있은 지 3주 후에 우리는 함께 살게 되었고, 얼마 안 돼 결혼했습니다.

우리 사이에는 감출 게 없었습니다. 부양의 의무도 없었고 그저

주기만 하면 되었습니다. 집, 자동차, 가구 등 물질에 관한 한 우리는 부족한 게 없었습니다. 우리의 목표는 서로를, 그리고 우리의 인생을 즐기는 것뿐이었습니다. 경제적으로도 넉넉하여 인생을 즐길 만한 여유가 있었습니다.

우리는 둘 다 직장에 다니고 있었습니다. 나는 발전소에서, 그녀는 중재전문간호사 겸 변호사로 검역소에서 일하고 있었습니다. 아주 이지적인 여성이죠. 우리는 통근용 밴을 타고 함께 출퇴근하기로 했고, 그녀는 아침마다 나를 발전소에 내려주고 오후에 데리러 왔습니다. 저녁식사 때면 함께 수다를 떨기도 했지요. 그녀의 밴이 언덕에서 내려오는 게 보이면 그녀가 운전석에서 엉덩이를 들썩이며 손을 흔드는 모습이 눈에 띄었습니다. 정말 너무 근사했습니다.

'오페라에 가본 적 있어요?'

결혼 직후 도린이 물었습니다.

'아니, 하지만 한번 가보고 싶어.'

내가 대답했지요.

'당신은 내 인생의 의미를 만들어줄 수 있겠군요! 난 함께 오페라에 함께 갈 사람을 만나게 되리라고는 상상도 못했어요.'

그녀가 말했습니다.

우리가 처음 본 오페라는 '피가로의 결혼' 이었습니다. 정말 매혹적인 밤이었습니다. 그 길로 나는 턱시도를 두 벌이나 샀습니다. 다른 이야기지만 도린이 죽고 난 후, 샌디에이고 오페라단에서는 열성 팬인 그녀를 위해 '맥베스' 공연을 바칠 정도였습니다.

도린이 무엇을 갖고 싶어할 때면 나는 싫다고 말한 적이 한 번도 없었습니다. 육체적으로나 정신적으로나 경제적으로 내 힘이 닿는 것이라면 결코 포기하지 않았습니다. 그럴 수밖에 없는 것이 그녀와 함께 한 시간이 너무 짧았으니까요. 겨우 3년이었습니다. 하지만 그녀와의 만남이 3일, 아니 세 시간, 단 3초밖에 안 되었다고 해도 나는 소중하게 받아들였을 겁니다. 그녀를 진정으로 사랑했으니까요. 그것은 우리가 얼마나 성숙한가에 달려 있는 것 같습니다.

우리는 자신이 무엇을 원하는지, 그리고 무엇을 함께 나누어야 하는지 알고 있었습니다. 그녀의 전 남편은 그럴 만한 여유가 없었고, 휴가 때면 그녀는 늘 혼자 다녔습니다. 나도 마찬가지였습니다. 언제나 혼자였죠.

> 겨우 3년이었습니다. 하지만 그녀와의 만남이
> 3일, 아니 세 시간, 단 3초밖에 안 되었다고 해도
> 나는 소중하게 받아들였을 겁니다. 그녀를 진정으로 사랑했으니까요.

그래서 우리는 함께 여행을 다니기 시작했습니다. 근사한, 아주 근사한 여행이었습니다. 피지, 뉴질랜드, 호주, 카보 산루카스 등등. 집으로 돌아오는 길에는 우리가 살 만한 곳을 생각해보았습니다. 도린은 캘리포니아에서 더 이상 살고 싶어하지 않았습니다. 그래서 우리는 레저용 차를 사서 떠났습니다. 애리조나, 뉴멕시코, 콜로라도 등지로 여기저기 다녔습니다.

그러던 어느 날 내가 한 번 가본 적이 있는 곳이 기억났습니다. 유타 주 시더시티였죠. 우리가 갔을 때 마침 셰익스피어 페스티벌이 열리고 있었는데, 도린은 그곳에 흠뻑 빠져버리고 말았습니다. 차를 몰아 고속도로를 타고 가는데, 갑자기 도린이 말했습니다.

'저게 뭐예요?'

언덕 위에 있는, 아직 완성되지 않은 3층짜리 통나무집이 눈에 들어왔습니다. 부동산업자를 통해 그 집에 대해서 알아봤더니 소유주가 폭삭 망한 상태였습니다. 우리는 그 집 가격으로 8만 달러를 제안했고, 거래는 성사되었습니다. 우리가 그 집의 주인이 된 겁니다.

6월, 캘리포니아에 있는 도린의 집이 팔렸습니다. 7월에는 우리 집이 팔렸고요. 8월에 우리는 재산을 모두 시더시티로 옮길 수 있었습니다. 관리인도 고용하고, 그곳을 아주 멋지게 만들었습니다. 유타 주에서 비데를 갖춘 유일한 집이었죠.

9월 14일, 도린은 피부염합병증 증세를 보였습니다.

12월 11일, 우리 집이 완공되는 것도 보지 못하고 도린은 죽었습니다.

내게는 너무나 잔인한 일이었습니다. 나는 내 인생의 목표를 모두 잃어버렸습니다. 나의 목표는 도린에게 있었으니까요. 사명감도, 삶의 의미도 모두 잃어버리고 말았습니다. 도린의 장례식은 12월 16일에 치러졌습니다. 12월 21일, 나는 이삿짐센터를 불러 이사했습니다. 그녀가 죽고 7월이 될 때까지 나는 O.J. 심슨의 재판을 지켜봤습니다. 그것이 내 일과의 전부였습니다.

몸무게가 18킬로그램이나 늘었고, 허리는 5인치나 늘어났습니다. 아무것도 하고 싶지 않았습니다. 내 유일한 친구는 고양이 보비였습니다. 내게는 훌륭한 친구였습니다. 나는 의욕을 완전히 상실했습니다. 도린과 함께 연극을 하기로 돼 있었는데, 그만 상대역을 잃고 만 겁니다.

라디오에서 들어본 적이 있는 사별극복모임이 그나마 도움이 되었습니다. 1주일에 두 번 참석했는데 그곳에서 슬픔, 눈물 같은 감정이 있는 건 자연스러운 일이라는 것을 알게 되었습니다. 슬퍼하는 법을 전혀 몰랐던 나는 그 모임에서 화를 내거나, 도린이 좋아하던 나무를 보며 그녀와 이야기를 나누거나, 그녀의 밴을 타고 울거나, 그리고 그녀에게 편지를 써도 괜찮다는 것을 배웠습니다. 이런 일을 하다 보면 가슴이 아팠지만, 감정을 느낄 수 있다는 것만으로도 다행스런 일이었습니다.

그 슬픔을 통해 마음을 가다듬을 수 있었습니다. 1년 동안 나는 시내에서 6킬로미터쯤 떨어진 25평짜리 집에서 혼자 살며 산 속의 수도승처럼 지냈습니다. 나는 슬픔이 거대한 파도처럼 날 씻어내리도록 놔두었습니다. 그러자 어느덧 슬픔도 치유되기 시작하더군요.

나는 슬픔이 거대한 파도처럼 날 씻어내리도록 놔두었습니다.

그후 나는 보비와 모임의 도움으로 이사해서 내 인생을 새롭게 열 준비를 했습니다. 집을 팔고 유진으로 이사하면서 나는 뒤돌아보지 않았습니다. 그곳에서 한 여자를 만났고, 슬픔과 그리움도 조금씩 사그라져갔습니다. 물론 도린은 여전히 내 마음속에 남아 있었지만요.

존 그레이 박사의 책을 접하게 된 것은 도린이 죽은 뒤였습니다. 그녀가 죽은 지 다섯 달 뒤, 나는 정신을 가다듬고 그 책을 읽게 되었습니다. 그 책 속에서 나는 우리를 보았습니다. 모든 면에서 말입니다. 놀랍게도 그녀는 그레이 박사가 사용하는 몇몇 용어들을 사용했습니다. 예를 들면 '달걀 위를 걷는다'와 같은 말 말입니다. 나는 그녀의 감정의 굴곡을 보았고, 내가 동굴 안으로 들어가려고 했을 때를 기억할 수 있었습니다. 그리고 내가 문제의 해결사였다는 사실을 알았습니다. 창과 칼, 방패를 들고 모든 문제를 해결하려는 화성인이 바로 나였습니다. 공평하지 않은 일입니다. 나는 나약한 사람인데 말입니다. 하지만 도린은 나약하지 않았습니다. 그 책을 읽으면서 비로소 이해가 되는 점이 몇 가지 있었습니다.

도린은 항상 내가 자기 말에 귀기울여주는 유일한 남자라고 말했고, 그래서 나는 내가 제대로 하고 있다고 생각했습니다. 하지만 가끔은 베갯머리에서 정답게 따스한 대화를 나누다가 갑자기 남극지방의 차가운 겨울로 변해버릴 때가 있었습니다. 그럴 땐 매우 의아해질 수밖에 없었습니다. 도대체 뭐가 잘못되었는지 알 수가 없었습니다.

그레이 박사의 책은 아주 강력한 해결책이었습니다. 온갖 형태의 모습을 한 자아를 깨끗하게 해주었고, 감정이 잘못된 것이라는 생각도 제거해주었습니다. 또 아내와 사별한 내가 갖는 감정이 옳다는 것을 새삼 깨달을 수 있도록 힘을 주었습니다. 배우자를 잃었을 때 상실감이나 동정을 받고 싶은 생각을 가져서는 안 된다고 생각합니다. 상실감의 거부, 그것이야말로 정확하게 내가 느꼈던 것입니다. 이제야 깨달은 거죠.

새로운 관계에서, 그레이 박사에게 배운 것들이 신기하게도 내 생각을 변화시켰습니다. 대개 그런 경우, 경청의 과학이라고 하지요. 나의 새 친구는 그것을 값진 것으로 인정해줍니다. 그녀는 그저 들어주기만을 원하죠.

'나, 너무 피곤해요. 감기에 걸렸나 봐요. 아주 힘든 하루였어요.'

나는 속에서 끓어오르는 '미스터 해결사' 신드롬을 억누르고 그냥 들어줍니다. 그러고는 그녀가 날 쳐다보며 '보브, 당신은 이해심이 무척 많군요.'라고 말할 때 나는 속으로 '그레이 박사, 우린 모두 당신한테 고마워하고 있어요.'라고 말합니다.

추신 : 올해 나는 앞에서 묘사한 근사한 여성과 결혼했습니다. 우리는 두 권의 책을 옆에 끼고 살고 있습니다. 한 권은 성경책이고, 다른 하나는 존 그레이 박사님의 책입니다.

화성남자와 금성여자, 둘이서 영원히

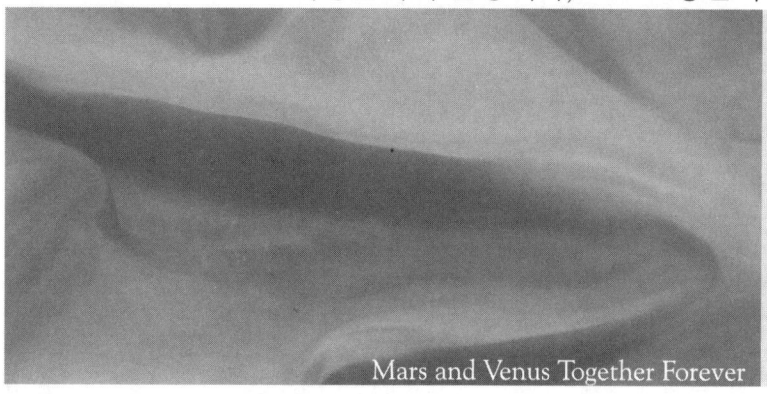

Mars and Venus Together Forever

우리에게 '사랑의 핵심'이 있기나 했던 걸까요?

화성남자와 금성여자, 둘이서 영원히
Mars and Venus Together Forever

사랑은 일생 동안 지속될 수 있지만, 상대방의 됨됨이나 행동에 대해 얽매이지 않는 능력과 더 큰 이해심, 그리고 상대방을 있는 그대로 받아들이는 능력이 요구된다. 남녀가 서로 다른 행성에서 왔다는 사실을 받아들이는 것은 서로를 변화시키지 않고도 관계를 형성할 수 있게 한다. 이러한 새로운 깨달음은 상대방이 왜 자기처럼 생각하고 느끼지 않는가 하는 의문을 이해하는 데 도움이 된다.

하지만 이런 관계에서도 결코 받아들일 수 없는 일들이 종종 일어난다. 또 사랑을 지속시키기 위해 반드시 변화되어야 하는 행동이 있다. 그리고 용서한다는 것은 모욕을 받아들이고 감수하라는 의미가 아니다. 사랑을 위해서는 범위와 한계를 좀더 명확히 해야 한다.

용서한다는 것은 모욕을 받아들이고 감수하라는 의미가 아니다.

폭력이나 약물, 거짓말, 부정不貞 등의 행위는 명백히 받아들일 수 없는 것들이다. '이런 행동은 받아들일 수 없다. 자신의 실수를 시인하고 다시는 그런 짓을 하지 않겠다고 약속해야 한다. 그 약속을 믿고 관계가 다시 형성되기 전에 우리 두 사람 모두 전문가의 도움을 받는 게 좋겠다' 고 분명하게 제시할 필요가 있다.

상대방이 실수를 인정하려 하지 않거나 도움을 받으려 하지 않을 때, 사랑을 위한 유일한 해결책은 상대에게 개선의 책임을 맡기고 별거에 들어가는 것이다.

바람직하지 않은 행동에 '안 돼!' 라고 말하는 것은 당신의 진심인 만큼 어쩌면 거북함을 줄지도 모른다. 그러나 상대방이 자신을 끊임없이 상처주도록 내버려두는 것이 사랑은 아니다. 두 사람의 관계에서 가장 어려운 일은 용서와 사랑, 그리고 그 한계를 정하는 일이다.

실수는 누구나 저지른다. 그것을 용서하는 것이 사랑이다. 용서는 서로의 사랑을 더욱 강하게 만든다. 용서 없는 사랑은 상상할 수 없다. 어떤 의미에서 용서는 서로의 사랑을 단련시켜 더욱 강하게 한다. 용서하지 않는 것은 가해자의 원천적 실수만큼이나 자기 자신에게 해롭다. 용서하지 않으면 자신의 상처에 집착하게 되고, 상대방의 변화마저 불가능하게 만들 수도 있다.

용서하지 않는 것은
가해자의 원천적 실수만큼이나 자기 자신에게 해롭다.

용서는 자신의 고통에서 벗어나는 길인 동시에 상대방을 변화시키려는 노력을 의미한다. 사람들은 대개 사랑으로 상대방을 변화시킬 수 있으리라고 기대하기 때문에 수동적으로 모욕을 참는다. 하지만 수동적 무저항은 용서가 아니며, 서로에게 전혀 도움이 되지 않는다. 오히려 사태를 더욱 악화시킬 뿐이다. 피해자에게는 먼저 자신이 상처받지 않도록 보호하며, 그 다음에 상대방이 잘되도록 지켜보아야 할 책임이 있다.

　나의 세미나에서는 상대방을 이해하지 못함으로써 발생하는 온갖 사소한 일과 실수에 초점을 맞추고 있다. 이런 실수들은 너무나 사소하기 때문에, 그리고 상대방의 무지로 인해 발생하기 때문에 용서하기가 쉽다. 남자와 여자는 서로 다른 행성에서 왔기 때문에 서로를 처음부터 잘 알지 못한다. 그래서 자신들의 실수에 함께 웃을 수 있다.

　세미나에서 큰 실수를 직접 다루지 않음에도 불구하고 어떤 부부들은 작은 실수를 용서함으로써 어떻게 큰 실수로부터 자신과 상대방을 용서하는 '기적적' 도움을 받았는지에 대해 편지를 보내기도 한다. 작은 실수를 용서하는 법을 배움으로써 큰 실수도 용서할 수 있게 된 것이다.

> 작은 실수를 용서하는 법을 배움으로써
> 큰 실수도 용서할 수 있게 된다.

　작은 것을 용서하는 것에 관심을 기울이다 보면 점차 용서하는 힘이 커져서 결국에는 큰 실수까지 용서하게 된다. 지고 갈 짐이 무겁고 몸은 말을 듣지 않을 때, 최선의 해결책은 작고 쉬운 것부터 옮김으로써 힘을 비축해둔 다음 무거운 짐을 옮기는 것이다. 같은 방법으로 두 사람의 관계에서 발생하는 문제들도 작은 것부터 해결해야 한다. 그러면 큰 문제도 더 이상 크고 다루기 어려운 짐이 되지 않는다.

용서와 사과

용서를 배울 때 또 한 가지 중요한 것은 사과할 줄 아는 능력이다. 자신의 행동을 교정할 줄 아는 능력과 용서는 사랑이 지니고 있는 두 개의 날개다. 용서에 시간이 걸리는 것과 마찬가지로 행동을 교정하는 데도 시간이 필요하다.

두 사람의 관계에 위기가 올 때면 항상 두 가지가 작용한다. 실수를 저지른 쪽은 그것을 직시해야 하고, 상대방은 용서를 생각할 수 있는 자세가 되어 있어야 한다. 두 사람이 치료과정에 동참할 때 가장 효과적으로 서로의 상처를 치료할 수 있다.

사과도 하지 않고 자신의 실수를 고치려고도 하지 않는다면 용서하는 일은 쉽지 않다. 용서하지 않는데 사과를 하거나 실수를 교정하는 것 역시 어려운 일이다. 내가 사랑하는 사람은 절대로 실수를 저지르지 않을 거라고 생각하는 것은 모든 일은 쉽게 용서될 수 있다고 가정하는 것만큼이나 비현실적이다. 그리고 용서하는 데는 몇 달 혹은 몇 년이 걸릴 수도 있다.

    사랑한다는 것은 상대방이 원하는 것을 기꺼이 해주고자 하는 의지인 동시에 자신의 욕구를 상대방이 채워주는 것을 기꺼이 받아들이는 열린 마음을 의미한다.

    용서한다는 것은 상대방을 돕고 싶다는 것을 의미하는 동시에 자신이 무언가를 필요로 할 때 상대방의 도움을 기꺼이 받아들이겠다는 것을 인정하는 것이다.

    만약 상대방의 도움을 받아들이려는 자세가 준비되어 있는데도 도움이 이루어지지 않는다면 우리의 마음은 서서히 닫히게 될 것이다. 물론 상대방이 잘되기를 바라면서도 그의 도움을 받아들일 수 있게 되기까지는 좀더 많은 시간이 걸린다.

> 용서한다는 것은 당신이 여전히 선의를 가지고 있고,
> 도움을 받기 위한 마음의 준비가 되어 있다는 것을 인정하는 것이다.

    사과한다는 것은 상대방의 반응을 이해하고 존중하겠다고 말하는 것이다. 그리고 비록 실수를 하긴 했지만 고쳐보겠다고 인정하는 것이다. 사과는 자신의 잘못에 대해 무조건 책임지겠다는 것을 인정하는 것이며, 동시에 무언가를 행동으로 옮겨 실천해 보이겠다는 약속이다.

    잘못된 행동을 바로잡는 과정에서 사랑을 주고받는 능력이 강화된다. 그리고 실수를 용서하는 과정에서 다시 시작할 기회를 얻게 되

고 사랑을 주고받을 수 있게 된다. 이렇게 해서 용서와 책임은 서로 손잡고 나아가는 것이다.

건강하지 못한 관계

건강하지 못한 관계에서는 누구에게 책임이 있는지가 분명하다. 중대한 실수인 경우, 더욱 그렇다. 일반적으로 선인과 악인이 따로 존재하기 때문이다. 이런 경우 유일한 해결책은 별거뿐이다. 피해를 본 사람의 경우, 잘못이 있다면 같이 살 사람을 잘못 선택한 것밖에 없다. 하지만 여기에서도 용서에 관한 책임은 여전히 남아 있다.

피해자가 용서하려고 노력하는 동안 상대방은 자신의 문제를 해결하기 위한 모든 방법을 찾아보고 마음을 재정비해야 한다. 시간이 흘러 잘못을 고친 이후에는 과연 서로가 화해하는 것이 적절한 것인가에 대해 검토해야 한다.

하지만 다시 시작해야 할지, 그만두어야 할지는 여전히 결정하기 어려운 문제로 남는다. 아무도 이 결정에 대해 대답해줄 수 없다. 오직 자신의 사랑의 마음에 귀기울이는 수밖에 없다. 치료기간이 끝난 후 얻을 수 있는 대답은 '나는 이 사람을 사랑하고 용서한다. 그이도 변했다. 하지만 관계를 지속시키고 싶지는 않다'고 말하거나, '나는 그이를 사랑하고 용서한다. 이제 그이도 변했으니 관계를 지속시키고 싶다'고 말하는 것이다.

건강한 관계

두 사람이 살아가면서 건강한 관계를 유지하고 책임감이 늘어나면, 피해자와 가해자 사이의 경계를 명확히 구분하는 것이 점차 불분명해진다. 하지만 건강한 관계라고 해도 상대방이 큰 실수를 범할 가능성은 여전히 존재한다.

예를 들어 여자 쪽에서 다른 남자와 교제하게 된 경우, 남자는 어떤 행동이 그런 결과를 초래했는지 살펴볼 수 있다. 바람을 피우거나 거짓말을 한 것 등은 분명 여자가 큰 실수를 저지른 것이지만, 자신이 여자에게 소홀했던 것에 원인이 있을 수도 있다.

남자와 여자의 차이점을 새롭게 이해하게 되면 자신이 얼마나 많은 사소한 일들로 여자의 불성실성을 초래하게 되었는지를 알게 된다. 결국 누구의 잘못이 먼저인지 가려내기 힘들게 됨을 뜻한다. 이런 경우, 치료는 더욱 신속해져서 대개는 두 사람이 예전의 관계를 회복하게 된다.

건강한 관계에서는 누구의 잘못인지가 칼로 자르듯 명확하지 않다.

피해자가 남자라면 우선 한 발 물러나 자신의 감정을 살펴보아야 한다. 그 다음 자신의 어떤 부분이 지금의 결과를 초래하게 했는지에 초점을 맞춰보아야 한다. 그럼으로써 좀더 객관적인 상태에 놓이게 되고 책임감을 갖게 되면 용서하는 능력도 증가된다.

이런 과정은 남자는 화성에서 왔고 여자는 금성에서 왔다는 사실을 이해하기 시작하면서부터 진행된다. 비록 상처를 받기는 했지만,

남자들이 대체로 저지르는 실수의 사례들을 하나하나 듣게 되면 마음이 가벼워지면서 자신이 어떻게 그 사건의 빌미를 제공했는지 깨닫게 된다. 이렇게 해서 점차 객관성을 갖게 되면 상대방을 용서하는 데 힘을 얻게 된다. 자신의 문제점을 알게 될수록 용서하는 것은 더욱 쉬워진다.

  그러나 여자가 피해자인 경우에는 다르다. 여자는 자신의 감정을 상대방과 함께 나눈 후에야 객관성을 갖게 되고, 자신의 책임이 있는 부분을 분명하게 보게 된다. 이런 경우, 용서를 위한 가장 효과적인 방법은 자신의 감정을 남김없이 표현하고 난 후 상대방의 사과를 받아들이는 것이다. 서로가 감정을 더 많이 나눌수록 자신의 문제점 역시 더욱 분명하게 보인다. 일반적으로 사람을 잘못 선택했다기보다는 자신의 잘못이 더 컸다는 사실을 알게 되면 여자는 남자에게 마음을 열게 되고, 두 사람은 예전의 관계로 돌아와 전보다 더 깊은 사랑을 경험하게 된다.

  여자에게 먼저 자신의 실수부터 똑바로 보라고 다그치지 않는 것이 중요하다. 그렇게 해야 여자가 자신이 무시당했다는 기분을 최소화시키거나 무산시키는 효과를 얻게 된다. 우선 그녀가 감정을 있는 그대로 느낄 수 있도록 내버려두는 것이 중요하다. 그런 다음에야 따뜻한 마음과 용서, 그리고 사랑이 어우러져 객관성을 얻게 된다.

> 먼저 여자가 자신의 감정을 있는 그대로 느끼는 것이 중요하다.
> 그런 다음에야 따뜻함과 용서와 사랑이 어우러져 객관성을 얻게 된다.

남자는 화성에서, 여자는 금성에서 왔다는 사실을 이해하게 되면 여자는 용서의 마음이 더욱 커진다. 자신의 감정이 옳다라고 듣게 되기 때문이다.

그리고 나서 자신의 남편뿐만 아니라 대부분의 남자들이 실수를 저지를 수 있다는 사실을 알게 되면 점차 마음이 열리기 시작한다. 마음의 문이 일단 열리면 여자들은 다른 온갖 실수에 대해서도 들여다 볼 수 있게 된다. 마음이 객관적으로 정리되면 자신의 문제가 무엇이었는지 알게 되고, 용서하는 마음은 더욱 커지게 된다.

남자의 치유법

일반적으로 여자와 남자가 상처를 치유하는 법이 다르다. 여자들은 자신의 감정을 말로 표현하고 싶어하는 데 반해, 남자들은 말하게 될지라도 우선은 한 발짝 뒤로 물러나 있는 시간이 필요하다. 남자가 마음을 열게 되는 것은 자신은 희생자가 아니며, 자신에게 문제 해결을 위한 능력이 어느 정도 있다는 느낌에서 비롯된다. 남자에게 가장 어려운 것은 사태 발생의 원인 제공에 스스로 책임감을 느끼는 것이다.

남자에게 가장 어려운 것은
사태 발생의 원인 제공에 스스로 책임감을 느끼는 것이다.

책임감을 느끼게 된 남자는 적어도 어느 정도까지 자신이 상황을 변화시킬 수 있다고 생각한다. 상처를 입게 되면 일단 뒤로 한 발짝 물러나지만, 시간이 흐르면서 점차 객관적인 자세가 되면 자신에게도 일부분 책임이 있음을 인정하거나 문제 해결책을 발견한다.

이런 느낌이 시작되면서 서로에 대한 사랑의 감정은 다시 일어나기 시작한다.

여자의 치유법

여자도 남자와 같은 과정을 거치지만 순서는 다르다. 마음속에서 용서라는 것을 찾기 위해 여자는 먼저 자신의 기분을 상대방이 들어주고, 이해하고, 인정해주기를 원한다. 그리고 용서할 마음이 생기면 일단 한 발짝 뒤로 물러나 자신의 책임이 있는 부분을 좀더 분명하게 인식한다. 여자에게 가장 어려운 일은 자신의 분노를 혼자 삭이며 상대방을 용서한다는 것이다.

> 여자에게 가장 어려운 일은
> 자신의 분노를 혼자 삭이며 상대방을 용서한다는 것이다.

이와 같은 대화의 과정은 숙련된 결혼 카운슬러와 함께라면 이상적으로 진행될 것이다. 하지만 남자가 알아야 할 것이 있다. 자신의 후회가 진실이라 해도 여자는 제3자와 감정을 나눔으로써 더 큰 안정감을 얻는다는 사실이다.

남자 편에서 자발적으로 카운슬러를 찾는 등 외부의 도움을 받으려고 노력하는 것은 여성이 자신의 마음을 열기 위해 다른 사람의 도움을 받으려는 욕구를 인정한다는 의미에서 치료의 한 방편이 될 수 있다. 이렇게 안전한 상황이라면 여성은 감정을 더욱 깊이 표출하게 되고, 치료 또한 더욱 효과가 있을 것이다.

위기가 상처를 회복시킨다

결혼생활에서 가장 고통스럽고 힘든 일 중 하나는 상대방의 부정不貞이다. 그러나 나는 수백 쌍의 부부들이 배신의 고통을 이겨내고 신뢰를 다시 쌓아가는 것을 보았다. 그들은 분노의 수렁에 빠지는 대신 카운슬러의 도움을 받아 용서하고 함께 재출발하는 방향으로 변화할 수 있었다.

배신의 상처를 치유하는 데 걸리는 시간은 대체로 배신의 기간에 비례한다. 남자의 외도기간이 길었다면 치료에도 그만큼 긴 시간이 필요하다.

> 배신의 상처를 치유하는 데 걸리는 시간은
> 대체로 배신의 기간에 비례한다.

용서와 치유에 시간을 충분히 가지면 관계를 더욱 호전시킬 수 있다. 순간적으로 격한 감정의 고조를 초래하는 애정의 위기가 닥칠지라도 그 감정들을 표현하고 듣게 된다면 엄청난 사랑의 감정이 용솟음치면서 두 사람은 또 한 번 사랑에 빠지게 된다. 그때 그들의 사랑은 더욱 진지해지고, 위기를 극복했기 때문에 더욱 생동감 있고 의미 있는 깊이를 가진다. 시련을 이겨냈기에 진정한 사랑을 느낄 수 있으며, 그것은 영원히 지속된다.

위기를 극복하면 사랑은 더욱 생동감 있고 의미 있는 깊이를 가진다.
그리고 그것은 영원할 것이다.

치유에 대한 다양한 사례를 듣게 되면 자동적으로 마음이 고양된다. 막강한 사랑의 힘이 상기되기 때문이다. 그것은 우리에게 희망을 주고, 우리가 가진 것의 진정한 힘을 깨닫게 한다. 마음을 열기 위해 한 걸음 앞으로 나아갈 때 함께 더 큰 사랑으로 향하게 된다. 부정을 용서함으로써 사랑이 더욱 성장하게 된 수백 쌍의 사연 중에서 몇 가지를 살펴보기로 하자.

리자와 스티븐

리자의 사연은 이렇다.

"스티븐과 함께 산 지 8년쯤 되었어요. 우리는 결혼에 대해 두려움을 갖고 있었어요. 둘 다 실패에 대한 두려움이 있었던 것 같아요. 우리 형제들은 모두 결혼했다가 이혼한 전력이 있지요. 스티븐도 젊은 시절에 결혼했다가 이혼한 경험이 있었고요. 우리는 실패의 위험 요인을 무릅쓰기보다는 그냥 살면서 그 두려운 결혼 약속을 '영원히' 남겨두는 게 더 안전하리라고 생각했어요.

그러다가 존 그레이 박사님의 세미나에 참석하고 테이프를 듣기 시작하면서 어쩌면 우리도 성공할 수 있을 거라는 생각이 들었어요. 혹시 상황이 나빠지더라도 도움받을 방법을 배울 수 있다는 생각이 들었지요. 여전히 두렵긴 했지만 그것에 관해 대화를 나눈 후 우린 결혼날짜를 잡게 되었습니다. 나도 몰랐던 사실이지만 스티븐이 저보다 더 두려워하고 있었어요.

그러던 어느 날 스티븐이 '당신하고 이야기할 게 있어' 하고 말을 꺼냈어요. 그이의 두 눈에는 눈물이 가득 고였어요. 아주 중요한 일인가 보다는 생각이 들었죠. 가슴이 마구 뛰었어요. 누가 죽었나 하는 생각도 들었어요.

'리자! 난 정말 끔찍한 일을 저질렀어.'

그러면서 그이는 다른 여자와 사귀었다고 했어요.

그이는 자신의 행동을 진심으로 후회하고 있었으며, 전적으로 책임을 느끼고 있었어요. 그이는 분명히 매우 끔찍하게 생각하고 있었어요. 어떻게 해야 할지 모르겠다고 말하더군요.

나는 큰 충격을 받았어요. 전부터 어느 정도 거리감을 느끼긴 했지만, 그게 무엇 때문인지는 정확히 알 수 없었죠. 지금 생각해보면 나 자신이 무언가 일어나고 있다는 사실을 알고 있으면서도 스스로의 직감을 믿지 않으려고 했던 것 같아요.

우리는 서로 마주 보고 울음을 터뜨렸죠. 그러고는 우리의 결혼에 대해 생각했어요. 나는 스티븐에게 내 느낌을 말했어요. '당신은 정직해야 하고, 내게 결혼을 취소할 수 있는 기회를 줘야 한다'고 말이죠. 이것만큼은 인정해야 한다고 굳게 생각했어요. 화가 나고 슬프고 마음이 아팠어요. 하지만 그 순간 내가 여전히 스티븐과 결혼하고 싶어 한다는 것을 깨달았죠.

그때까지 우리는 세미나에 두 번 참석했고, 그레이 박사님과 개인 상담도 했어요. 그 덕분에 스티븐은 내게 말할 용기를 갖게 되었을 거예요. 세미나에 참석한 후 그이는 더욱 성실해졌고, 자신에 대해 신중함을 보이는 한편 거짓된 삶에 종지부를 찍었답니다. 그레이 박사님의 정직한 삶의 태도와 높은 도덕기준, 성실성을 직접 본 것이 스티븐의 마음을 움직인 것 같아요. 아마 그런 경험이 없었다면 스티븐은 절대 자신의 이야기를 꺼내지 않았을 거예요.

세미나를 마친 후 우린 위기에 대처할 수 있는 능력을 갖게 되었어요. 이상하게 들릴지 모르겠지만 그 과정을 마치는 게 그다지 어렵진 않았어요. 나는 물어볼 게 많았죠.

'당신들 어디로 여행했나요? 언제 같이 갔지요? 몇 번이나 그랬어요? 어떤 여자였죠?'

그리고 우리는 날마다 많은 이야기를 나눴어요. 이런 과정은 하나의 의식 같은 것이었죠.

　나는 연애편지의 형식을 빌려 기분을 표현하면서 스티븐과 감정을 함께 나누었고, 때때로 그이의 회답도 받았어요. 정말이지, 아주 훌륭한 치료법이었다는 걸 믿어주세요. 감정을 글로 나타내면서 분노와 두려움 밑에 감추어진 사랑의 존재를 인식하게 되었거든요.

　동시에 남녀의 전반적인 차이를 이해하게 된 것도 큰 도움이 되었어요. 우리는 자신이 받고 싶어하는 것을 상대방에게 강요하지 않고, 상대방이 원하고 필요로 하는 것을 주는 법을 배웠지요. 사랑을 주는 법이 남녀가 다르다는 사실을 알게 됨으로써 서로가 함께 지내고 싶어하는 마음이 어떤 것인지도 이해하게 되었어요. 그걸 몰랐다면 우리의 관계는 회복되기 힘들었을 거라고 생각해요.

> 스티븐을 완전히 용서할 수 있었던 것은
> 그이가 이미 변했다는 것을 내가 알았기 때문이에요.

　스티븐을 완전히 용서할 수 있었던 것은 그이가 이미 변했다는 것을 내가 알았기 때문이에요. 그이는 이미 몇 달 전에 그 여자와의 관계를 정리했고, 이제는 새로운 삶의 지식과 수단, 그리고 새로운 접근법까지 터득하고 있었어요. 의식을 갖고 살아가기 시작한 거지요. 나는 그야말로 단시간 내에 그이를 신뢰하고 용서하게 되었어요. 일이 이렇게 부드럽게 정리된 것에 스스로도 놀랐지요. 그러나 돌이켜보니 이렇게 된 것은 스티븐의 말이 결정적이었던 것 같아요.

그이는 이렇게 말했어요.

'사실 나는 당신을 버리고 그 여자와 떠날까 하는 생각도 했어.'

하지만 그이는 떠나지 않았어요. 그이는 나를 선택했고 그 여자와 더 이상 만나지 않았어요. 그것이 나에 대한 그이의 진정한 사랑을 증명해주었다고 생각합니다.

몇 달 후 우리는 결혼식을 올렸어요. 그야말로 '완벽한' 경험이었죠. 날씨도 좋았고 주위도 아름다웠어요. 우리는 바닷가 절벽 위에서 별빛을 받으며 춤을 추었어요. 정말로 근사한 로맨스가 흐르는 밤이었지요.

로맨스는 나에게 여전히 중요합니다. 처음부터 우리 두 사람은 아주 로맨틱한 편이었죠. 지금은 두 살짜리 아들이 있는데, 아들 역시 못 말리는 화성인이에요. 그래서 이제는 완벽하게 로맨틱한 생활이 어렵게 되었죠. 그래도 가끔은 사소한 일들이 커다란 변화를 만들어주기도 합니다.

스티븐은 때때로 한 아름의 꽃을 안겨주기도 하고, 퇴근하고 집에 돌아오면 전화 메시지나 우편물을 확인하기 전에 나를 먼저 찾아요. 그냥 '여보'라고 부르기 위해서 말이에요. 아무리 바빠도 그런답니다. 이런 사소한 일들이 나에 대한 그이의 배려가 얼마나 큰 것인지 알려주죠.

어린 아들에게 우리가 서로 좋은 감정을 나누며 살아가는 모습을 보여주는 것은 정말 멋있는 일입니다.

정말이지, 이렇게 적극적인 사랑의 대화기법을 가질 수 있다는 것이 너무나 기뻐요. 우리뿐만 아니라 아들 도노번을 위해서도 그렇고요. 박사님의 훈련을 받기 전에는 소리를 지르는 일이 자주 있었어요. 스티븐은 잔뜩 움츠러들어 집을 나갔고 나는 겁에 질려 있었죠. 지금 우리가 다시 싸운다면 그이가 또 집을 나갈까요? 그렇지 않을 거예요. 이제는 적극적이고 열린 사랑의 대화기법을 갖게 되었으니까요. 어린 아들에게 우리가 서로 좋은 감정을 나누며 살아가는 모습을 보여주는 것은 정말 멋있는 일입니다.

박사님을 만나지 않았다면 오늘날과 같은 삶은 결코 없었을 것이라고 우리 부부는 확신합니다. 아마 결혼도 안 했을 테고, 아이도 생기지 않았을 거예요. 박사님의 말씀은 모두가 진실되게 들렸고, 박사님을 통해 우리는 언제든지 활용할 수 있는 것들을 배웠어요. 대단한 행운이었다고 생각하고 있어요. 마음을 열고 관심을 가지며, 서로를 알고 싶어하게 되었죠……. 박사님이 바로 그곳, 전환점에 우리를 위해 서 있었던 거예요."

제리와 매트

제리는 자신의 부부가 겪었던 위기에 대해 이야기했다.

"1995년 1월 18일, 낯선 여인으로부터 전화가 걸려왔어요. 남편이 다른 여자를 사귀고 있고, 아이도 있다는 내용이었어요. 나는 전화를 끊고 나서 옆에 앉아 있던 남편에게 전화내용을 이야기했어요. 처음에 남편은 모든 사실을 부인했어요. 잠자리에 들었을 때 나는 다시 불쑥 이야기를 꺼냈어요. 아이까지 있다면 쉽게 해결될 문제가 아니라고 말이에요. 하지만 그때까지도 나는 누군가의 악의에 찬 장난이기를 간절히 바랐어요.

그런데 남편이 용기를 내 그 말이 모두 사실이라고 고백했어요. 그 순간 나는 속이 울렁거려 화장실로 달려갔죠. 잠시 후 우리는 거실에 마주 앉아 이야기를 시작했어요. 그런 끔찍한 남편의 고백을 듣고도 남편의 깊은 사랑을 느끼다니, 사실 나는 놀랐어요. 만약 남편이 바람을 피우면 그날로 모든 게 끝장이라고 생각하고 있었거든요. 하지만 그때의 나는 전혀 다른 반응을 보였어요.

그이는 3년 전에 관계가 시작되었지만, 그 여자가 임신한 사실을 알게 된 2년 전부터 육체적 관계는 끊었다고 하더군요. 우연이었는지 모르지만 그 여자가 임신한 지 얼마 안 되어 내가 임신하는 바람에 도저히 이야기를 꺼낼 수 없었다고 하면서요. 그후 남편은 아들이 둘이라는 비밀을 혼자만 알고 살았던 거죠. 우리 아들 패트릭과 그녀의 아들 제이슨 말이에요. 두 아이는 6개월 간격으로 태어났어요. 남편은 생후 1년 동안 제이슨을 아들로 인정하지 않았지만, 요즘 들어 아이와 가까이 할 기회를 갖게 되었다고 했어요. 내게 그이의 비밀이 발각되었을 때 그 아이와 가까워지는 중이었대요.

남편의 말에 의하면, 아이 엄마와의 관계는 이미 끝났고 단지 제이슨 때문에 친구 사이로 지낸다는 것이었죠. 당신이 떠나지 않기를 바란다고 내가 말했을 때 그이는 비로소 안도의 한숨을 쉬었어요. 나는 안도하는 그이의 태도를 보고 무척 놀랐어요. 왜 내가 떠나라고 말할 거라고 그이가 생각했는지 의아했기 때문이지요.

그후 몇 달 동안 나는 이 사건을 정리해가는 내 모습을 보고 스스로도 놀랐어요. 내가 처한 입장에 있는 여자들이 당연히 취했을 태도를 취하지 않았기 때문이에요. 그 상황을 받아들일 수 있었던 것은 내 아들에게 형이 있다는 사실 때문이었어요. 제이슨은 한 편의 악몽 속에서 아무런 잘못도 없다는 생각이 들었어요. 당연히 죄의 대가도 그 아이가 받아선 안 되었죠. 나는 남편을 용서하고 제이슨을 우리 가족의 일원으로 받아들여 '오랫동안 행복하게 살아가겠다'고 다짐했어요. 그러나 그건 꿈이었고, 그 꿈이 현실로 이루어지기엔 어려움이 많았죠. 그 원인은 단순히 제이슨 때문만은 아니었어요.

그 당시 매트와 나는 결혼 9년째로 접어들었는데, 우리 사이에는 약간의 문제가 있었어요. 우린 일과 돈 버는 스타일에서 의견 차이가 있었고, 집을 살 것인지 말 것인지에 대해서도 대립하고 있었죠. 우리 관계에서 흥분 같은 것은 사라진 지 오래였고, 일상적인 대화에서도 어려움이 느껴졌어요. 그래서 그 사건이 터지기 6개월 전부터 우리는 상담자를 찾고 있었죠. 그 당시 나는 그이가 나한테 더 이상의 매력을 느끼지 못하게 된 것은 아닌가 의심하고 있었어요. 무언가 그이를 짓누르고 있는 비밀스러운 중압감이 나와는 전혀 관계가 없는 것이라는 사실을 그때까지는 전혀 몰랐으니까요.

충격은 언제나 거부가 뒤따르게 마련이지요. 때때로 진실을 받아들이기 힘들기 때문에 거부하는 경향이 있어요. 나 역시 명백한 사실을 거부함으로써 매트는 퇴근 후 항상 나에게 돌아오는 성실한 남편이라고 믿고 싶었어요. 그렇게 함으로써 남편이 다른 여자와 은밀하게 지냈다는 생각을 떨쳐버리려고 했지요. 남편이 그 여자와 함께 있는 끔찍한 모습이 눈앞에 어른거리긴 했지만, 그것은 단지 과거의 실수일 뿐이라고 애써 자위했지요.

남편의 부정은 나보다 자기 자신에게 훨씬 힘들었던 것 같아요. 그이의 수치심은 매우 깊었고, 대화만으로는 충분하지 않다고 생각하는 것 같았어요. 그이는 우리가 그동안 쌓아온 모든 것을 자신이 한순간에 무너뜨렸고, 상처가 너무 깊어 아무는 데만도 오랜 시간이 걸릴 거라고 걱정했어요. 물론 상처가 아무는 것이 가능하다면 말입니다. 우리에게 '사랑의 핵심'이 있기나 했는지 잘 모르겠지만.

대개의 경우 우리의 충돌은 너무나 숨막히는 것이어서 한번은 서로가 각자의 길을 가자고 말하기도 했어요. 사실 고통과 비애가 너무 커서 떨어져 있으면 나을 것도 같았지요. 하지만 우리는 떠나지 않기로 결정했어요. 나는 아무 감정 없이 매트를 대할 수 없었고, 내가 그럴수록 남편은 더욱 깊이 침잠해갔어요. 하지만 그런 위기의 와중에서도 우리는 서로 사랑한다는 것을 알게 되었고, 서로에게 사랑한다고 말할 수 있었어요. 우리는 말 그대로 화성인 대 금성인 식으로 대립하면서도 한편으로 일이나 상대방, 그리고 패트릭과의 관계는 정상적으로 유지하려고 노력했어요.

우리에게 '사랑의 핵심'이 있기나 했던 걸까요?

이 위기를 극복하기 위해 우리는 다양한 방법을 시도했어요. 제이슨을 만나보고 그 아이에게 또 다른 아빠한테 버림받은 제니퍼라는 누나가 있는 것을 알게 되었지요. 나는 그 아이들이 상처받지 않게 해야 하며, 아이들에게 부모의 사랑이 무조건적이라는 걸 알게 해야겠다고 생각했어요. 나는 그들을 보호해야겠다고 생각했어요. 그러나 한편으로 나는 발버둥치고 있었고, 매트 또한 마찬가지였어요.

외도를 해서 아이가 생겼을 경우, '그 여자'는 아직 거기에 존재하고 있지요. 그건 쉽게 잊혀지는 관계가 아니에요. 아이를 볼 때마다 여자는 필연적으로 연상되는 거 아니겠어요? 가끔 나와 같은 경험을 한, 아는 여자들을 떠올려봤지만 남편의 외도를 경험한 경우는 있어도 아이가 있었던 경우는 한 번도 없었어요.

그 상황에서 벗어나지 않으면 나 자신이 산산조각 날 것 같았어요. 우리를 치료하는 선생님은 '별거'를 권했지요. 파경에 관한 결정은 유보한다는 약속 하에 일정 기간을 떨어져 지내라는 거였어요.

이 기간이 지난 후 우리는 가족여행을 떠나게 되었지요. 하지만 이상하게 다시 마음이 울적해졌어요. 남편과 패트릭이 함께 지내는 것은 정말로 오랜만이었는데도 기분 전환이 되지 않고 오히려 불안감이 엄습해왔어요.

마음이 별로 내키지 않은 채 우리는 다시 카운슬러를 찾아갈 준비를 했죠. 그런데 약속날짜를 1주일 정도 앞두고 매트가 존 그레이 박사의 세미나 안내장을 들고 와서 나를 놀라게 했어요.

굉장한 세미나였어요. 남자와 여자의 사고방식이 어쩌면 그렇게 다른지! 세미나에 참석한 모든 사람들이 동감하고 있다는 걸 피부로 느낄 수 있었어요. 나는 우리 부부가 그 문제로 얼마나 많은 대화를 나누었는가는 그다지 중요하지 않다는 사실을 비로소 깨닫게 되었지요. 무엇보다 중요한 것은 상대방을 이해하는 것이었어요.

세미나에 참석한 다른 사람들처럼 우리 부부도 아주 만족했어요. 그레이 박사님은 어떻게 배우자를 더 잘 이해할 수 있는가, 그리고 이방인과 사는 게 아니라는 느낌을 어떻게 하면 가질 수 있는가에 초점을 맞춤으로써 우리를 편안하게 해주었어요.

자신이 원하는 것을 상대방에게 요구하는 방법을 박사님은 쉽고 재미있는 예를 들어가며 설명했고, 배우자와 '의사소통의 문제'가 생기는 것은 보편적인 현상이라는 것도 깨닫도록 도와주었어요. 우리는 수년 동안 서로에게 질문하는 것을 두려워해왔는데, 특히 섹스에 관해서는 더욱 그랬어요. 박사님은 남녀가 원하고 원하지 않는 게 무엇인지 생생하게 묘사해주었고, 무엇보다도 그 문제에 관해 유머감각을 지니고 있다는 것이 우리 부부에게 큰 힘이 되었어요. 박사님은 결혼 생활에서 쌍방이 모두 실수를 저지를 수도 있지만, 두 사람의 관계가 다시 좋아질 수 있다는 것을 거듭 확인시켜주셨어요.

세미나가 끝난 후 매트와 나는 서로를 새롭게 알게 되었어요. 우리는 서로가 진심으로 사랑한다는 것을 확인할 수 있었고, 어떤 불안감 때문에 우리의 정열이 억눌려 있었다는 걸 알게 되었지요. 그날 나는 매트에게 그 사건을 잠시 뒤로 미루고 단둘이 오붓한 시간을 갖고 싶다고 말했어요. 그러자 매트는 놀랍게도 그날 밤을 '우리' 만의 특별한 밤으로 만들었어요. 그레이 박사님이 옳았어요. '우리' 만의 밤을 계획하는 것은 멋진 기대감을 가져다주었거든요.

나는 이 글을 '그후 그들은 오랫동안 행복하게 살았다'는 식으로 끝맺고 싶진 않아요. 아직도 앞길에 많은 장애물들이 남아 있으니까요. 하지만 지금 나는 매트와의 시간을 가장 원하고 있다는 것과 그것을 이기적이라고 생각하지 않는다는 것을 분명히 말할 수 있게 되었어요. 바로 이 점이 아이를 키우는 것만큼이나 중요하다는 걸 우리는 알고 있지요.

남자들이나 여자들 사이에서 일반적으로 논의되지 않는 단순한 분야들에 관해 그레이 박사님께서 솔직하게 말씀해주신 것에 진심으로 감사드립니다."

줄리와 래리

줄리는 남편 래리와의 사연을 자세히 적어 보냈다.

"내 이름은 줄리이고, 남편은 래리입니다. 나는 스물다섯 살, 남편은 스물여섯 살이에요. 결혼한 지 5년째지만 우리가 서로 알고 지낸 것까지 합하면 7년 됐어요. 지금은 다섯 살짜리 아들이 하나 있어요.

내가 열아홉 살 되던 해에 우리는 만났고, 첫눈에 사랑에 빠졌지요. 그 당시 나는 5년동안 사귀어오던 남자친구가 있었어요. 래리는 장발에다 스테레오를 크게 틀어 우리 부모님은 그를 싫어했어요. 부모님이 끝끝내 래리를 받아들이지 않아 우리는 만난 지 4개월 만에 뉴멕시코로 도망을 쳤답니다. 그곳엔 내 생모가 살고 계셨어요. 나는 입양아였거든요.

하지만 아무리 생각해도 미친 짓 같아서 고향인 토피카로 다시 돌아왔어요. 그리고 임신한 사실을 알게 되었지요. 나는 우리 부모와, 래리는 그이의 부모와 살았어요. 쉬운 일이 아니었지요.

조시가 태어나자마자 우리는 결혼식을 올렸어요. 처음엔 아주 행복했죠. 우리에게 유일한 고민이 있다면 돈 문제였어요. 래리는 자동차 세일즈맨으로 힘겹게 일하고 있었죠. 어느 날 래리가 캔자스시티에는 더 나은 일자리가 많으니 그리로 가야겠다고 말하더군요. 그이가 먼저 떠난 후 내가 곧 뒤따라갔는데, 나는 고향을 등지게 한 그이를 많이 원망했어요. 거기서부터 문제가 시작됐지요.

우리는 점점 이야기도 주고받지 않았고 섹스도, 함께 있는 시간도 줄어들게 되었어요. 아파트에 사는 게 싫어서 집을 장만한 뒤로는 모든 게 내리막길로 접어들기 시작했습니다.

우리는 새집을 열심히 꾸며 아름답게 만들었죠. 하지만 네 살짜리 아들은 바로 문만 열면 길거리라 나가서 놀 수가 없었어요. 그리고 나는 매일 밤 열 시가 되어야 집으로 들어오는 남편을 기다리느라 외로움에 치를 떨었지요. 정말 끔찍했어요. 우리는 몸만 함께 사는 이방인들, 아니면 룸메이트에 불과하다고 그이에게 불평했어요.

그런 와중에 일이 벌어지고 말았죠. 그냥 알고 지내던 한 남자가 내게 예쁘다고 칭찬을 늘어놓는 거예요. 내가 그토록 '룸메이트'에게 듣고 싶었던 말인데, 그이는 한 번도 그런 말을 하지 않았어요. 그 한마디에 나는 완전히 정신이 나가버렸죠.

그건 내가 스물네 살의 몸 속에 갇힌 마흔네 살짜리 애늙은이가 아니라는 사실을 상기시켜주었어요. 단지 내가 젊고 매력적이라고 느껴지는 게 너무 좋았어요. 그 남자와 이야기할 때면 집안일은 모두 잊어버렸어요.

내가 먼저 그이에게 이혼을 요구했어요. 이혼한 주변 친구들을 은근히 질투하기도 했지요. 그 생활이 정말 좋아 보였고, 나는 이미 독신이 된 것 같았어요.

나는 한 침대에 누워서 이불만 같이 덮고 자는 이방인과 살고 있었던 거예요. 뭔가 달라져야 한다는 생각이 들었어요. 그때는 들리는 유행가 가사마다 나에 대해 노래하고 있다는 느낌이 들었어요.

그러는 동안 남편도 직장에서 한 여자를 만났어요. 남편도 나와 같은 두려움을 느꼈다더군요. 그 여자는 그 남자가 내게 했던 것과 똑같이 남편을 대했나 봐요. 남편을 다시 매력적으로 느끼게 해준 거죠. 다른 사람이 자기를 원한다는 게 남편은 아주 좋았나 봐요.

모든 게 밝혀진 후, 우리는 토피카로 가서 차 안에 나란히 앉아있어요. 서로가 아주 솔직해져서 손을 맞잡고 한바탕 울었어요. 옛날처럼 낄낄거리기도 했고요. 우리는 다시 시작해야 한다는 것을 깨달았어요. 그것도 완벽하게 말이에요.

우리는 한 팀처럼 뭉쳤어요. 나는 선생님의 책을 읽기 시작했고, 문장 하나하나를 래리에게 읽어주었어요. 그이는 아주 참을성 있게 들어주었어요. 나는 남편에게 책을 읽어주느라 집 안을 헤집으며 남편 뒤를 졸졸 따라다녔지요.

박사님 책에서 많은 걸 배웠어요. 나는 래리를 위해 몸치장을 했고 보모도 좀더 자주 불렀어요. 그런 날 밤이면 우린 둘만의 시간을 가질 수 있었죠. 우리는 '카섹스'를 즐길 수 있는 장소를 찾아 돌아다니기도 했어요. 무척 즐거운 시간이었죠. 그때의 흥분과 스릴 넘치는 감정은 정말 짜릿했어요. 우린 샤워도 자주 같이했어요. 찬물이 내게 튀어도 불평하지 않았어요. 언제나 따뜻한 물만 받을 수는 없잖아요!

서로가 아주 솔직해져서 손을 맞잡고 한바탕 울었어요.
우리는 다시 시작해야 한다는 것을 깨달았어요.

래리는 지금도 밤늦게까지 일하죠. 나는 그동안 집안일과 아이들 돌보는 일로 바쁘게 지내려고 노력하고 있어요. 래리가 돌아오면 시계를 보는 대신 미소로 반기려고 애써요. 먼저 키스를 하고 이야기를 나누죠. 매일 밤 말이에요. 그이는 친구들과 몰려다닌다거나 술집에서 시간을 보내는 대신 집에서 많은 시간을 나와 같이 보내고 있어요. 우린 항상 한몸처럼 느끼게 되었죠. 같이 외출할 때면 기분이 몹시 좋아요. 우리는 7년이라는 오랜 시간 동안 서로에 대해 알아왔어요. 힘든 시간도 많았지만 모든 것을 교훈으로 삼았어요. 앞으로의 시간들은 새로운 기대로 가슴을 설레게 합니다. 박사님을 통해 배운 모든 것에 감사드리고 싶어요. 우리가 서로 사랑으로 계속 성장할 수 있게 된 것은 말할 필요도 없고요."

잰과 데이비드

잰의 이야기를 들어보자.

"데이비드와 나는 각각 열한 살과 아홉 살 때부터 알고 지냈어요. 우리는 열일곱 살과 열다섯 살이 되면서 정식으로 데이트를 시작했죠. 그때까지 두 사람 모두 다른 사람과의 데이트 경험이 전혀 없었어요.

나는 데이비드의 유머감각과 친절하고 애정이 넘치는 점에 끌렸어요. 게다가 믿음직스럽기까지 했거든요. 다른 사람에 대한 관대함이나 사려 깊은 행동과 관심이 무척 호감을 갖게 했죠. 그이는 우리 가족과도 잘 어울렸어요. 그이와 함께 있으면 즐거웠고, 나 자신이 매우 특별한 존재라는 기분이 들었어요. 물론 나에 대한 사랑도 느낄 수 있었죠.

우린 음악에 대한 취향도 같아서 기회가 있을 때마다 항상 함께 하면서 즐겼어요. 5년동안의 지속적인 데이트 끝에 우린 결혼했어요.

30년이 넘는 세월을 보내면서 우리에게 가장 의미 있는 것은 현재의 행복이었어요. 우리는 평생 동안 가능하리라고는 상상도 하지 못했던 방법으로 만족감을 느끼고 있어요. 우리 관계에서 가장 좋은 점은 많은 시련을 겪어왔지만 여전히 서로에게 헌신적이고 사랑하는 마음이 시들지 않았다는 겁니다.

중요한 것은 장애물을 만날 때마다 문제를 해결하려는 의지가 매우 적극적이고 강했다는 것이지요. 결국 30년이 넘는 우리의 관계에서 가장 소중했던 것은 서로에 대한 충실한 감정이었어요.

> 우리는 가능하리라고는 상상도 하지 못했던 방법으로
> 평생 동안 만족감을 느끼고 있어요.

우리 관계에서 무엇보다 어렵고, 지속적으로 문제가 됐던 것은 대화였어요. 서로가 원하고 필요로 하는 것을 표현하기란 쉬운 일이 아니더군요. 하지만 이제는 서로가 원하는 것을 솔직하게 요구하는 것이 얼마나 중요한지 알게 되었고, 괴로운 일은 서로에게 이야기해야 한다는 것을 배우게 되었어요.

예를 들면 그이는 긴 머리를 좋아했지만, 한 번도 표현한 적은 없었어요. 나도 그이가 턱수염을 기르는 것이 싫었지만 강력하게 요구하지는 못했죠. 나중에 우리가 원하는 대로 할 수 있었을 때 우리는 더욱 행복해질 수 있었어요. 사소하게 느껴지는 일들이 커다란 변화를 이끌어낸다는 사실을 알게 되었지요.

그레이 박사님의 책이 많은 도움이 되었어요. 박사님은 남자와 여자는 다른 '언어'를 사용하며 사물을 다르게 해석한다고 했는데, 이것은 월남전에 참전한 데이비드가 '외상外傷 후 스트레스 증후군'을 극복하는 데도 큰 도움이 되었지요.

데이비드는 1969년부터 1970년까지 월남전에 참전했는데, 월남전에서 돌아왔을 때 그이는 내가 알던 데이비드가 아니었어요. 그이는 아주 많이 변해서 돌아왔어요. 그 중 가장 심각한 변화들을 꼽아보면 다음과 같아요.

- 어떤 특정한 기간(나중에 이것이 전우들이 전사한 날이라 는 것을 알았어요) 동안에는 분노와 의심, 우울함 외에 다른 감정이라곤 없는 사람 같았어요. 아주 비판적이고 성미가 급해졌으며, 유머감각이 완전히 사라져버렸어요.
- 청각의 손실과 귀울음현상이 해가 갈수록 더욱 악화되었어요.
- 헬리콥터 소음과 불꽃놀이, 시가행진과 파티, 전쟁영화 등을 보면 못 견뎌 했어요.
- 평소에 베트남 이야기를 하긴 했지만 그것에 관해 심각한 논쟁을 거부했고, 참전 경험이 자신에게 영향을 미쳤다는 사실을 부인했어요.
- 방 안에 있을 때는 항상 일정한 지점에 있고자 했고, 등을 벽에 돌린 채 문을 바라보고 앉았어요.
- 불면증과 수면장애로 고생했어요. 전우들이 전사한 날이 가까워지면 더욱 심해졌지요. 13년 동안 때때로 거실 바닥에서 잠들곤 했어요.
- 일 중독자가 되었고 취미가 자주 바뀌었으며, 무엇인가에 완전히 몰입했다가 곧 쳐다보지도 않곤 했어요.
- 감정의 마비를 경험했어요.

- 과잉경계심이 생겨서 항상 귀기울이고 관찰하는 습관이 있었고, 작은 일에도 깜짝깜짝 놀랐어요.
- 죽음을 대할 때면 감정 장애를 일으키지만 뚜렷한 반응은 보이지 않았어요.
- 항상 누군가에게 명령하고 진두지휘할 필요성을 느끼는 사람 같았어요. 그리고 누군가가 작은 잘못이라도 저지르면 과민반응을 보였어요.
- 무엇이든 원하는 것을 요구할 줄 몰랐고, 요구한다는 것 자체를 무가치하다고 여겼어요.

두말할 필요도 없이 이처럼 엄청난 변화는 우리 결혼생활에 압박감을 주었죠. 당시 상황을 호전시키는 데는 이해심 많은 카운슬러와 베트남향군회, 그리고 존 그레이 박사님의 책과 테이프, 이 세 가지가 많은 도움이 되었어요. 하지만 우리 결혼생활이 비로소 구원받고 새로워질 수 있었던 것은 우리를 거의 파탄에 이르게까지 한 끔찍한 사건을 겪고 난 후였어요.

우리가 겪은 경험은 생각하기조차 힘들고 고통스러운 일이에요. 그것을 글로 쓴다는 것은 더 말할 나위도 없지요. 지금 이 순간까지도 마찬가지입니다. 약 2년 반 전에 데이비드는 3년간 다른 여자를 알았노라고 하면서, 그러나 진정 사랑한 사람은 나였고, 우리의 행복을 위해서 그녀와의 관계를 끊었다고 고백했어요. 그러더니 카운슬러의 도움을 받자고 제안하더군요. 자신이 월남전에 대한 정신적 고통을 겪고 있음도 시인했지요.

나도 오래 전부터 그이에게 다른 여자가 생겼다는 느낌을 받고는 있었지만, 도저히 그 현실을 감당할 수 없었기 때문에 가슴 깊은 곳에서 그 감정을 억누르고 있었을 때였죠. 악몽은 물론, 심지어 스트레스와 불안으로 신체적인 병까지 얻을 정도였어요. 결혼생활이 먹구름에 휩싸이면서 그 큰 두려움이 현실로 다가오자 나는 비탄에 잠겼고, 우리가 헤어진다는 것에 대해 심각하게 고민하기 시작했어요. 나는 평생 한 남자를 위해 헌신해왔지만, 그 남자는 이제 더 이상 나만의 것이 아니라는 걸 깨달아야 했어요.

함께 상담을 받는 가운데 데이비드는 베트남향군회에 가입했지요. 우린 서로에게 필요한 짝이 되기 위해 새로운 시작, 즉 '새로운 결혼'의 필요성을 절실하게 느꼈어요. 데이비드는 수염을 말끔하게 깎아서 예전에 내가 결혼했던 남자로 다시 태어났어요. 물론 저도 그이가 좋아하는 대로 머리를 길러서 어깨 너머로 늘어뜨리고 다녔지요. 또 '영원한 사랑 잰'이라는 글귀를 넣은 새 결혼반지를 그이에게 선물했어요. 박사님의 책이 그렇게 하는 데 많은 도움이 되었죠. 그 책의 내용은 우리를 모델로 쓴 거라고 착각할 정도였어요. 지난해 우리는 가족과 친구들을 불러 결혼 25주년 기념파티를 열었어요.

결론적으로 말하면 우린 서로가 행복하기를 원했고, 수많은 고통과 자기분석, 그리고 고통을 참아낼 만큼의 사랑으로 문제를 극복할 수 있었어요. 분명히 노력할 만한 가치가 있는 일이었죠. 지금 우리는 초기의 결혼 시절보다 더 행복합니다.

그레이 박사님의 책 덕분에 우리는 서로를 진정한 영혼의 동반자로 보게 되었고 충분히 경험할 수 있었어요. 박사님의 책을 읽으면서 우리는 그동안 알지 못했던 사랑에 대해 비로소 눈을 뜨게 되었지요. 때때로 우리에게 밀려오는 시련은 가면을 쓴 축복인 경우도 있습니다. 그레이 박사님께 우리 부부는 마음 깊은 곳으로부터 진심으로 감사를 드립니다."

로버트와 크리스털

로버트는 자신의 외도 경험에 대해 이야기했다.

"크리스털과 결혼한 지 12년이 됩니다. 우리에게는 세 명의 착한 아이들과 아름다운 집이 있습니다. 결혼하고 처음 6년 동안은 대화도 많았고, 사이가 좋았습니다. 우리 부부는 둘 다 카운슬러로 성공한 부류에 속한 편이었고, 아주 이상적인 결혼생활을 하고 있었습니다. 그러나 내가 바람을 피우면서 행복에 금이 가기 시작했습니다.

솔직하게 말씀드리면, 나는 결혼할 때부터 일부일처제에 자신이 없었습니다. 하지만 계속 노력한 것은 사실입니다. 크리스털은 매우 아름다웠지만 시간이 지나면서 그녀에 대한 매력은 점점 줄어들었습니다. 같이 있을 때도 다른 여자들이 생각나기 시작했지만 곧바로 행동으로 옮기지는 않았습니다. 해변에서 다른 여자들을 뚫어져라 쳐다보다가 싸우기도 했지요. 아내는 뭔가 잘못되었다는 걸 알면서도 어떻게 대처해야 할지 모르더군요. 그리고 서서히 모든 것이 변하기 시작했습니다.

　결국 나는 내 기분대로 행동하기 시작했습니다. 3년이 넘는 동안 여러 명의 여자들과 사귀었습니다. 나는 일단 환상을 채우면 다시 예전과 같이 크리스털에게 열정을 갖게 되리라고 생각했습니다. 처음에는 생각대로 되는 것 같았지만 얼마 안 가 우리 사이가 벌어지기 시작했습니다.

　그러자 나는 매우 의기소침해졌습니다. 다른 사람들의 삶을 위해 상담에 응하면서도 막상 내 인생은 초라해 보이더군요. 아내도 변하고 있었습니다. 나를 보고도 더 이상 행복해하지 않았지요. 아내를 다시 행복하게 하는 건 쉽지 않았습니다. 겉으로는 별로 달라진 게 없는 것 같았지만 속으로는 우리 둘 다 마음의 문을 굳게 닫고 있었습니다.

　박사님의 책을 읽고 나서 아내에게 고백해야겠다는 생각이 들었습니다. 아내를 계속 속이는 것은 그녀에게 더 큰 불행을 주는 것이었으니까요. 편지로 아내에게 고백했지요. 아내는 매우 분개했고, 나 역시 기분이 엉망이 되었습니다. 하지만 적어도 문제를 밖으로 끄집어내는 데는 성공했습니다.

　우리는 같이 상담을 받았습니다. 처음에 아내는 언제, 어디서 그랬느냐고 꼬치꼬치 캐묻더군요. 자신의 감정도 숱하게 내보였지요. 나는 그냥 듣기만 했습니다. 매우 힘든 시간이었지만 점차 아내가 나를 용서하면서 다시 사랑할 수 있게 되었고, 서로에게 굳게 닫혀 있던 문도 열리기 시작했습니다. 그녀의 분노 뒤에는 나의 사랑을 필요로 하는 아름답고 부드러운, 사랑하는 여인이 숨겨져 있음을 마침내 발견할 수 있었습니다. 난 내가 그런 아내를 배신했다는 생각이 들었습니다.

그러나 이상하게도 그때만큼 아내에게 사랑받고 있다는 느낌을 받은 적이 없었습니다. 아내에게 상처를 입혀서 미안하다는 감정이 내게 어떤 느낌을 불러일으켰고, 아내에게 다시 마음이 끌리게 되었습니다.

하지만 아내는 마음의 상처와 두려움을 없애고 완전히 회복하기 위해서는 나의 사랑과 마음이 끌리는 것만으로는 부족했습니다. 아내는 내게 다시는 거짓말을 하지 않고 바람도 피우지 않겠다는 약속을 하라고 요구했습니다.

> 아내에게 상처를 입혀서 미안하다는 감정이
> 내게 어떤 느낌을 다시 불러일으켰습니다.

나는 어떻게 말해야 할지 몰랐습니다. 도대체 어떻게 해야 그녀에게 믿음을 전할 수 있을지 매우 망설여졌습니다. 또다시 아내에게 매력을 느끼지 못하게 되면 어떻게 해야 하나 하는 생각도 들었습니다. 솔직히 다른 여자에게 마음이 끌리는 걸 완전히 자제할 자신이 없었습니다. 다시는 거짓말을 하지 않겠다고 약속할 수는 있지만 그 이상은 자신할 수 없었습니다.

그래서 아내를 진정으로 사랑하긴 하지만 다른 여자에게 여전히 마음이 끌린다고 솔직하게 말했습니다. 아내는 심한 충격을 받았지요. 주변에 아름다운 여자들이 있으면 아내는 마음이 굳어져버리곤 했습니다. 내 마음이 다른 여자들에게 끌리고 있다는 걸 알고 있었기 때문입니다.

그러던 중 박사님의 세미나 비디오테이프를 보게 되었습니다. 박사님은 정신적인 일부일처제에 대해 언급했는데, 그 말이 우리의 관계를 회복하는 데 아주 중요한 전환점이 되었습니다. 남자는 아내를 사랑하고 매력을 느끼지만 동시에 가끔은 다른 여자에게서도 매력을 느낀다는 말에 우리 부부는 안정감을 찾는 돌파구를 마련하게 되었습니다.

박사님은 남자가 다른 여자에게 끌리는 것은 정상이며, 일부일처의 비결은 그 에너지를 자기 배우자에게로 돌리는 법을 배우는 것이라고 말했습니다.

그건 내가 해본 것 중 원칙적으로 가장 쉬운 일이었습니다. 다른 여자에게 마음이 끌릴 때마다 나는 그 여자가 아내라고 생각하고 사랑을 나누는 상상을 했습니다. 아주 쉬웠고 효과도 있었습니다. 이제는 아내에게 전보다 더 매력을 느끼게 되었습니다. 일부일처제는 감옥형이 아니라 바로 내가 바라는 전부였습니다.

3년이 지난 지금도 그렇게 행동하고 있습니다. 다른 여자가 날 흥분시킬 때면 반사적으로 아내를 상상합니다. 나는 시각적인 면을 아주 좋아하는데, 아내는 내 환상 속에서의 궁극적인 여인입니다. 이 세상에서 내가 가장 행복한 남자라는 생각이 듭니다."

낸시와 빌

낸시가 자신의 부부 이야기를 시작했다.

"빌과 나는 처음부터 마음이 잘 맞았어요. 적어도 술 마시는 부분에서는 그랬죠. 우리는 곧바로 동거에 들어갔어요. 하나님께서 두 술주정뱅이를 함께 있게 함으로써 맑은 정신으로 돌아오게 하려는 것으로 믿었죠.

그러나 얼마 안 돼 빌은 술에 취해 소란을 피운 혐의로 붙잡혔어요. 나는 방 안에 틀어박혀 밤새도록 고민했지요. 하지만 우리 관계를 지속시켜야 할지 헤어지는 것이 서로에게 좋을지 결론이 나지 않았어요. 밤을 꼬박 새우고 다음날 구치소로 면회 갔지요. 그이의 몰골이 말이 아니었어요.

어떻게 하면 좋겠느냐고 그이에게 물었어요. 그이는 주저하지 않고 대답하더군요. AA모임(알코올중독자 자주치료협회)에 데려다달라고요.

나는 그이의 말대로 해줬어요. 그런 모임에 참석하는 것은 처음이었어요. 우리 두 사람은 모두 인생에서 신이라든가 어떤 믿음을 갖고 있지 않았어요. 하지만 모임에 참석하자마자 이곳이야말로 빌과 내가 있어야 할 곳이라는 걸 깨닫게 되었어요. 평생 동안 이해심 깊은 신과 내가 속할 곳을 찾고 있었는데, AA모임이 바로 그곳이었어요.

> 하나님께서 두 주정뱅이를 함께 있게 함으로써
> 맑은 정신으로 돌아오게 하려는 것으로 믿었죠.

6개월 후 우리는 결혼식을 올렸어요. 프랑스로 신혼여행을 갔는데, 그곳 사람들은 아침부터 밤까지 술을 마셔대더군요. 하지만 우리는 카푸치노를 주문해서 마셨어요. 집으로 돌아온 후에는 열심히 일하여 아담한 집도 한 채 장만했지요.

　바로 그때부터 모든 것이 변하기 시작했어요. 결혼생활에 뭔가 문제가 생기게 된 거예요. 우린 각자 따로 놀게 되었어요. 부부가 아니라 룸메이트 같았죠. 섹스도 없었고, 심지어 서로 얼굴을 마주 보는 일도 없었어요.

　그러던 중 직장에서 아주 이해심이 많아 보이는 남자를 만나게 되었어요. 나는 그에게 남편과의 문제를 털어놓았죠. 내 말을 들은 그는 나에게 아름답다고 말했어요. 남편에게 듣고 싶었던 말을 그가 고스란히 내 머릿속에 새겨넣는 것이었어요. 그러던 어느 날 그가 집으로 찾아왔어요. 그는 내가 옷을 갈아입고 있는 침실까지 따라와 '이건 하나님의 뜻이야'라고 말하더군요.

　그때 남편이 들어왔어요.

　우리가 함께 있는 걸 본 남편은 무척 놀라며 이렇게 말하더군요.

　'낸시, 이 작자가 만일 당신이 탄 비행기가 추락하면 쫓아가서 당신의 잔해를 수습해오겠다고 하던가?'

　우린 매우 당황했어요. 남편과 밤새 이야기를 했지요. 난 그걸로 우리의 결혼이 끝나는 건 아닌가 겁도 났어요. 그래서 이혼에 대해서 심각하게 생각해보았죠. 서로 얼굴도 마주 보지 않고 섹스도 없는 공허한 결혼이 과연 내가 원했던 결혼이었는지 회의도 들었어요. 솔직히 어떻게 해야 할지 모르겠더군요. 그래서 남편에게 우리 문제를 상담하러 가자고 내가 먼저 제안했어요. 이틀 후 존 그레이 박사님의 책을 손에 넣게 되었어요.

그때 우리는 휴가를 계획하는 중이었는데, 그 책을 읽은 후 나는 그이에게 '계획을 바꿔서 존 그레이 박사님을 만나보는 게 좋겠어요. 그분이라면 우리를 도와줄 수 있을 것 같아요' 라고 말했어요.

그이는 '낸시, 당신이 원하는 게 뭐든지 간에 난 이렇게 우리 결혼생활이 끝나는 걸 원하지 않아' 라고 말하더군요.

우리는 그레이 박사님의 세미나에 함께 참석해 조용히 강의내용을 경청했어요. 그런데 박사님은 바로 내가 원하던 것에 대해서 이야기하고 있었더군요. 사랑받고 있다는 것에 대해서 말이에요. 세미나가 끝난 후 나는 '빌, 그냥 듣기만 해요. 내 문제를 고치려 들지 말고요. 그냥 날 위해 거기 있어주세요' 라고 말했어요. 세미나에 참석하기 전에 그이는 '낸시, 어떻게 하면 좋지?' 하곤 했는데, 이제는 가만히 듣기만 하더군요.

나는 남편이 해주는 아주 사소한 일에도 감사의 마음을 표현해야 한다는 걸 배웠어요. 또 남녀가 서로 사랑하고 있다고 느끼는 데 필요한 것과 사소한 일에도 중요한 요인들이 포함되어 있다는 것도 배웠어요. 아낌없는 포옹과 키스 같은 것 말이에요. 그리고 감사의 마음을 전달하는 법도 배웠지요.

그곳에서 들은 내용은 모두 나를 상당히 흥분시켰어요. 하나하나가 모두 우리 결혼생활에 구원의 손길들이었지요. 내가 30년 동안 찾아 헤매던 모든 것을 거의 포기한 후에야 세미나에서 다시 되찾은 거죠. 우리 둘 모두 말이에요.

주말에 빌과 나는 다시 사랑에 빠졌어요. 세미나가 끝난 후 사랑을 나누었는데, 이제까지 경험한 것과는 비교도 할 수 없을 정도로 최고였어요.

세미나는 우리의 모든 것을 변화시켰어요. 그 중에서도 내가 정말로 좋아하는 일을 시작하게 되었다는 게 가장 좋았어요. 전에는 어떤 것에서도 가치를 느끼지 못했어요. 하지만 AA모임과 그레이 박사님의 세미나는 나로 하여금 사랑을 되찾을 수 있게 도와줬어요. 꿈이 실현된 거죠.

지난 크리스마스에는 우리 두 사람이 로맨틱한 감정을 느낄 수 있게 해보자고 계획했죠. 평소에는 남편이 집에서 요리사 노릇을 하지만 이번에는 내가 진짜 크리스마스 만찬을 준비하겠다고 결심했어요. 각종 요리를 만들고 햄을 굽고……. 제대로 만들기 위해서 사방으로 전화를 했어요. 이런 일을 해본 적은 없었지만 남편에게 물어보고 싶지는 않았어요. 그리고 닐 다이아몬드의 판을 걸고, 촛불을 켜고 식탁에 마주 앉아 우리가 받은 축복에 대해 이야기했어요. 촛불 너머로 마주 보면서 우리는 지금까지 일어난 모든 것에 감사했어요.

우리 부모님은 사이가 아주 좋지 않았어요. 하지만 조부모님은 60년이 넘게 함께 사셨어요. 그래서 나는 항상 조부모님처럼 살 수 있도록 기도했고, 스스로에게도 맹세했죠. 크리스마스가 되면 할머니께선 언제나 도자기로 만든 어릿광대를 선물하셨지요. 그건 일종의 우리 집안 전통이었어요. 지금은 할머니께서 돌아가시고 안 계시지만 빌이 선물을 했어요.

그런데 그이가 준 선물상자 안에는 할머니께서 주시던 선물이 들어 있었어요. 도자기로 만든 어릿광대 말이에요. 이렇게 해서 우리 집안 전통은 살아 있게 되었고, 할머니의 영혼이 우리 가족 속에 들어와 있게 된 거죠. 조부모님처럼 빌과 저도 죽을 때까지 함께 할 겁니다.'

Afterwood
• 작가 후기

마법같은 삶의 이야기

　현대는 어느 때보다도 인간관계에 대한 스트레스가 크다. 그러나 높은 이혼율이 사람들이 덜 사랑한다는 지표가 되지는 않는다. 오히려 관계를 통해 더 많은 사랑을 원한다는 것을 나타낸다. 과거에는 생존을 위해 남자는 여자를, 여자는 남자를 필요로 했다. 하지만 오늘날은 그 정도로 충분하지 않다. 이제 우리는 사랑과 행복, 만족을 얻기 위해 서로를 찾는다.
　부부가 평생 사랑을 키워가기 위해서는 교육과 연습이 필요하다. 배움에는 굴곡이 있어 처음부터 좌절할 수도 있다. 심지어 아주 좋은 의도를 가지고도 가슴속에 사랑이 닿는 순간을 놓칠 때가 있다. 그러나 사랑에는 실패할지 몰라도 인내와 올바른 방향을 놓치지 않는다면 우리는 다시 사랑을 얻을 수 있다.
　나는 이 책에 나오는 이야기들로 하여금 독자들이 거듭해서 돌아갈 수 있는 영감의 원천을 만들어가기를 희망한다. 만약 사랑의 관계에서 감정에 상처를 입은 경험이 있다면, 이들 실제 삶의 이야기들은 독자들의 마음속에서 자신의 과거를 치유하고 스스로 사랑하고 사랑받으며 다시 시작할 수 있다는 성숙된 신념을 불러일으킬 것이다. 만약 관계가 이미 돈독하고 건강하다면, 이 이야기들은 사랑이 작용되는 방식을 다시금 생각하게 해줄 것이다. 가족이나 친구들과 함께 이 책을 읽고, 이 이야기들에 대해 대화하면서 사랑의 힘을 얻고 꽃을 피우기 시작하는 서로의 마음을 헤아려보기 바란다.

이 책의 책장을 넘길 때마다 우리는 자신의 삶에 사랑을 먼저 올려놓고 사랑을 지키고 보호하고 아끼며 사랑의 마법에 빠져 계속 꽃을 피우기 위해 노력하는, 감동적인 사람들을 만나왔다. 시간이 거듭되면서 실제 삶의 사례들은 어떤 일을 무릅쓰고라도 관계를 연결해줄 다리를 세우고, 또 세우기 위한 사랑의 힘과 성찰을 보여주었다.

나는 이런 사람들의 용기 - 사랑이 계속 이루어지도록 노력하는 용기, 새로운 생각과 정보에 늘 열려 있는 용기, 연인과 세상에게 사랑은 이룰 만한 가치가 있다고 주장할 수 있는 용기 - 에 감탄과 찬사를 보낸다. 그리고 우리 모두의 삶에 사랑이 이루어지도록 시간을 내주신 것에 감사하며, 동시에 많은 사람들이 사랑을 회복하는 과정에 내가 한몫 할 수 있었던 것에도 감사드린다.